AMORIS LAETITIA EM QUESTÃO

Aspectos bíblicos, teológicos e pastorais

Leonardo Agostini Fernandes
(org.)

AMORIS LAETITIA EM QUESTÃO

Aspectos bíblicos, teológicos e pastorais

Dados Internacionais de Catalogação na Publicação (CIP)
(Câmara Brasileira do Livro, SP, Brasil)

Amoris Laetitia em questão : aspectos bíblicos, teológicos e pastorais / Leonardo Agostini Fernandes (org.). -- São Paulo : Paulinas, 2018. -- (Coleção fronteiras)

ISBN 978-85-356-4378-7

1. Casamento - Aspectos religiosos 2. Família - Aspectos religiosos 3. Família - Vida religiosa -Documentos papais 4. Reflexões I. Fernandes, Leonardo Agostini. II. Série.

18-13373   CDD-248.844

Índice para catálogo sistemático:
1. Reflexões sobre matrimônio e família : Vida cristã 248.844

1ª edição – 2018

PAULINAS

Direção-geral: *Flávia Reginatto*

Conselho editorial: *Dr. Antonio Francisco Lelo*
Dr. João Décio Passos
Maria Goretti de Oliveira
Dr. Matthias Grenzer
Dra. Vera Ivanise Bombonatto

Editores responsáveis: *Vera Ivanise Bombonatto*
João Décio Passos

Copidesque: *Mônica Elaine G. S. da Costa*

Coordenação de revisão: *Marina Mendonça*

Revisão: *Sandra Sinzato*

Gerente de produção: *Felício Calegaro Neto*

Projeto gráfico: *Jéssica Diniz Souza*

Diagramação: *Tiago Filu*

Nenhuma parte desta obra poderá ser reproduzida ou transmitida por qualquer forma e/ou quaisquer meios (eletrônico ou mecânico, incluindo fotocópia e gravação) ou arquivada em qualquer sistema ou banco de dados sem permissão escrita da Editora. Direitos reservados.

Paulinas
Rua Dona Inácia Uchoa, 62
04110-020 – São Paulo – SP (Brasil)
Tel.: (11) 2125-3500
http://www.paulinas.com.br – editora@paulinas.com.br
Telemarketing e SAC: 0800-7010081
© Pia Sociedade Filhas de São Paulo – São Paulo, 2018

SUMÁRIO

Prefácio 7
CARDEAL ORANI JOÃO TEMPESTA

Apresentação 11
LEONARDO AGOSTINI FERNANDES

PARTE BÍBLICA

O Salmo 128 e a Alegria do Amor 17
LEONARDO AGOSTINI FERNANDES

Dimensões do amor em família na *Amoris laetitia* à luz do discipulado
e da missão segundo o Evangelho de São Marcos 33
GONZALO ARTURO BRAVO ALVAREZ

A *via caritatis* como incansável prática do bem (*AL* 306 [Gl 5,14]
e *AL* 104 [Gl 6,9]) 47
WALDECIR GONZAGA

PARTE SISTEMÁTICO-PASTORAL

Diante do ensinamento da exortação apostólica *Amoris laetitia*:
magistério a ser acolhido e posto em prática 71
SALVADOR PIÉ-NINOT

A Alegria do Amor e a maioridade cristã 77
MARIO DE FRANÇA MIRANDA

Edificar o matrimônio no amor: a mudança de paradigma teológico
de *Amoris laetitia* 87
LEANDRO LUIS BEDIN FONTANA

Matrimônio, viuvez e virgindade
Desafios e pistas para a eclesiologia 97
ANDRÉ LUIZ RODRIGUES DA SILVA

Teologia e pastoral na *Amoris laetitia* 109
GERALDO LUIZ DE MORI

Aspectos pastorais das famílias 131
LUIZ ALENCAR LIBÓRIO

A dimensão comunitária da *Amoris laetitia* 143
DRANCE ELIAS DA SILVA

Posfácio 153
MARIA TERESA DE FREITAS CARDOSO

Sobre os autores 157

PREFÁCIO

A Exortação pós-sinodal do Papa Francisco sobre o amor na Família, *Amoris Lætitia* ("Alegria do Amor"), é, sem sombra de dúvida, um documento de grande envergadura, e chegou num momento oportuno e desafiador. Vem para ajudar a Igreja a perceber o porquê de a família estar no centro das discussões em diversos setores da sociedade. Além disso, ajuda a compreender por que tudo o que acontece de positivo ou de negativo com a família se torna determinante para o futuro da humanidade e do mundo. Pode-se dizer, parafraseando *Gaudium et Spes* n. 1, que as tristezas e as angústias, as alegrias e as esperanças da família são as tristezas e as angústias, as alegrias e as esperanças da Igreja. Então, não é casual a frase de abertura da Exortação: "A Alegria do Amor que se vive nas famílias é também o júbilo da Igreja". Compreende-se, logo de início, que a Igreja está a serviço do ser humano e, como tal, tem a missão de ajudá-lo a desenvolver a capacidade de amar.

Amoris Lætitia exalta e entoa um hino à beleza do amor, bem como atesta o realismo com que esse amor deve ser proposto, buscado e vivido pelo ser humano, de modo particular em família. Esse realismo transparece ao longo de toda a Exortação, que segue uma metodologia singular, evidente na síntese que o Papa Francisco faz sobre o seu conteúdo (n. 6):

> No desenvolvimento do texto, começarei por uma abertura inspirada na Sagrada Escritura, que lhe dê o tom adequado. A partir disso, considerarei a situação atual das famílias, para manter os pés no chão. Depois lembrarei alguns elementos essenciais da doutrina da Igreja sobre o matrimônio e a família, seguindo-se os dois capítulos centrais, dedicados ao amor. Em seguida destacarei alguns caminhos pastorais que nos levem a construir famílias sólidas e fecundas segundo o plano de Deus, e dedicarei um capítulo à educação dos filhos. Depois deter-me-ei em um convite à misericórdia e ao discernimento pastoral perante situações que não correspondem plenamente ao que o Senhor nos propõe; e, finalmente, traçarei breves linhas de espiritualidade familiar.

O olhar atento para a realidade da família revela a presença e os apelos do Espírito Santo. A escuta dessa realidade possibilita perceber e compreender que o Espírito Santo guia a Igreja, soprando onde quer, em particular por uma teologia que reafirme a vocação da família em conformidade com a Boa-Nova de Jesus Cristo, que veio para manifestar a verdade e a misericórdia de Deus Pai para toda a família humana. Seu ensinamento não é uma realidade a ser imposta, mas a afirmação de que o ser humano se realiza à medida que o amor fecunda e toma conta da relação conjugal e familiar. Assim, a família, sua situação atual e seus desafios são tratados com grande realismo. É o meio concreto para derrubar a ilusão das ideologias e reafirmar a prioridade irrevogável da busca e da promoção do bem da família, sem os quais não haverá futuro para o mundo e para a Igreja.

Esta é a razão pela qual a Exortação, tanto pela forma como pelo conteúdo, encontra-se articulada para evidenciar a realidade matrimonial e familiar como um bem em si e que não exclui as dificuldades, as fragilidades e as imperfeições. Por isso, a Exortação revela a seriedade e a profundidade com que os Padres sinodais e os peritos convocados tomaram parte nos trabalhos que foram desenvolvidos durante os sínodos de 2014 e 2015. Esta constatação já é um suficiente apelo para que esse documento, com grande carinho e abertura, seja acolhido, lido, promovido e estudado por toda a Igreja e, no mundo, pelas pessoas de boa vontade.

Uma resposta à altura desse premente apelo encontra-se no presente livro: *Amoris Lætitia em questão*: aspectos bíblicos, teológicos e pastorais. Trabalho realizado com seriedade e que elucida algumas das principais riquezas contidas nessa Exortação Apostólica. Os autores são teólogos das áreas bíblica e sistemática, e pertencem a importantes centros acadêmicos do Brasil e do exterior, atentos em produzir conhecimentos teológicos encarnados e capazes de tratar os temas com competência, auxiliando, como é específico da vocação do teólogo, a amadurecer o juízo da Igreja, para que a sua ação seja sempre transformada em Jesus Cristo. É como afirma o Papa Francisco, sobre a importância da família e do matrimônio, no n. 2 da Exortação: "A reflexão dos pastores e teólogos, se for fiel à Igreja, honesta, realista e criativa, ajudar-nos-á a alcançar uma maior clareza".

No livro, percebe-se o particular toque de espiritualidade que fecundou, animou, fascinou e orientou cada um dos autores. O mergulho que deram na Exortação permitiu que adentrassem com propriedade no conhecimento da verdade sobre o amor no matrimônio e na família, centrado em Jesus Cristo e no seu mandamento: "Amai-vos uns aos outros como eu vos amei" (Jo 15,12).

A família, acompanhada pela Igreja e apoiada na Sagrada Escritura, aprende a assumir, com responsabilidade, a vontade de Deus; aprende a compreender as fraquezas e as fragilidades de seus membros. Como Igreja doméstica em saída, a família aprende a percorrer, sem medo, um caminho de maturidade da fé e do amor, superando toda sorte de desequilíbrios aos quais está exposta. Assim, a família redescobre-se, na certeza de poder experimentar e de poder oferecer, com Cristo, por Cristo e em Cristo, na força do Espírito Santo, a ternura, a bondade e a misericórdia de Deus. Esta é a lógica da misericórdia pastoral!

Que as reflexões propostas neste livro ajudem aos que consagram seus esforços e trabalhos pelo bem da família; penso nos agentes das várias pastorais, em particular as que trabalham diretamente com as famílias, para que, firmes nos seus propósitos a serviço da Boa-Nova de Jesus Cristo, testemunhem, por palavras e ações, a força transformadora do amor encarnado: a família, que foi, é e continuará sendo dom de Deus e esperança renovada e renovadora de toda a humanidade.

Cardeal Orani João Tempesta, O. Cist.
Arcebispo de São Sebastião do Rio de Janeiro
Grão-chanceler da PUC-Rio

APRESENTAÇÃO

A Exortação Apostólica *Amoris Lætitia*, de 19 de março de 2016, é o precioso resultado de dois sínodos sobre a família que foram convocados pelo Papa Francisco e aconteceram em outubro de 2014 e outubro de 2015, na cidade do Vaticano, em Roma, reunindo diversos Padres sinodais e muitos peritos sobre o sacramento do matrimônio e a família. O texto está estruturado em nove capítulos e possui trezentos e vinte e cinco parágrafos. Esta extensão atesta a importância e a complexidade do tema: a alegria do amor em família. Um particular dessa Exortação é que suas fontes não estão pautadas apenas nos ensinamentos e documentos precedentes do magistério, mas também na abertura aos pronunciamentos de várias Conferências Episcopais e de diversos pensadores católicos e não católicos. Um olhar para as trezentas e noventa e uma notas seria suficiente para constatar essa afirmação. Assim, não resta dúvida de que a Exortação possui um viés dialogal, uma abertura fundamental que a Igreja deve assumir para poder se posicionar diante da globalização e dos desafios dos tempos atuais que submetem a família a duras e difíceis provações.

A Exortação se desenvolve à luz da Palavra de Deus, que "não se apresenta como uma sequência de teses abstratas, mas como uma companheira de viagem, mesmo para as famílias que estão em crise ou imersas em alguma tribulação, mostrando-lhes a meta do caminho..." (*AL*, n. 22). Assim, as perspectivas assumidas na Exortação evidenciam a força e a positividade do amor em família, sem as quais não se promove a unidade e os problemas, dificuldades, desafios e crises não conseguem ser enfrentados. Esta postura indica o caminho que precisa ser assumido e percorrido diante da atual mudança de época.

Amoris Lætitia adota uma linguagem em perspectiva dialógica, propositiva e inclusiva. A realidade da família é vista com realismo e otimismo, pois a consciência humana é o lugar do discernimento que contextualiza as ações na exigência da liberdade. A Exortação é um convite à consciência pessoal para que se desenvolva e concretize a efetiva adesão ao amor que fundamenta a lei da liberdade. Não existe matrimônio ideal, porque as pessoas não são ideais, mas reais e chamadas a viver a complexidade das relações. Juntas, podem escrever como família, dia após dia, a sua biografia de vida no amor. Disso resulta que a melhor forma de se defender a família é ajudá-la a perceber, refletir, assimilar e tirar conclusões que permitam agir orientada para o bem comum, recuperando a confiança e a alegria do amor, como doação e entrega.

O presente livro, quarto da série Fronteiras, reflete sobre alguns aspectos da Exortação Apostólica subdivididos em duas partes, respectivamente parte bíblica e parte sistemático-pastoral. Cada contribuição, *de plena responsabilidade de seus autores*, procura mostrar como a Exortação Apostólica está atenta à família e aos desafios pelos quais está passando ou está continuamente exposta. É como o Papa Francisco diz, logo no início (n. 2): "O caminho sinodal permitiu analisar a situação das famílias no mundo atual, alargar a nossa perspectiva e reavivar a nossa consciência sobre a importância do matrimônio e da família".

Três estudos compõem a parte bíblica do livro. No primeiro, *Leonardo Agostini* aprofunda o sentido do Sl 128[127], usado pelo Papa Francisco para abrir e guiar a Exortação, mostrando que nele se encontra uma proposta concreta de bênção e de felicidade para a família. No segundo, *Gonzalo Arturo* apresenta seis dimensões do discipulado, à luz do Evangelho segundo São Marcos, que fortalecem o amor em família, vinculado a Jesus Cristo e à sua Igreja. No terceiro, *Waldecir Gonzaga*, através de uma minuciosa estatística das citações bíblicas usadas na Exortação, analisa, com detalhes, dois textos paulinos, Gl 5,14 e 6,9, para demonstrar que a *via caritatis* é o elemento condutor do agir pastoral da Igreja e o caminho promotor do bem em família.

Sete estudos compõem a parte sistemático-pastoral do livro. No primeiro, *Salvador Pié-Ninot* fala sobre a recepção eclesial da Exortação, situando-a no âmbito do Magistério ordinário não definitivo, e, para fundamentar este particular, são evocados três princípios orientadores: a lei da gradualidade, a consciência e a necessidade do discernimento. No segundo, *França Miranda* centra a sua reflexão sobre a tensão entre a instituição e o indivíduo, ou ainda entre a norma e a consciência, e se desenvolve a partir de três temas: o institucional na Igreja, a ação do Espírito Santo e a maioridade na vivência da fé cristã. No terceiro, *Leandro Luis* afirma que, de fato, a Exortação não mudou o conteúdo doutrinal ou a disciplina da Igreja, mas representa um novo paradigma pela forma como o sacramento do matrimônio deve ser ensinado e preparado para que se perceba o *status* da centralidade do amor conjugal neste sacramento. No quarto, *André Luiz* mostra a utilidade de se recuperar as interpretações eclesiológicas que alguns Padres da Igreja elaboraram sobre o matrimônio, a viuvez e a virgindade, para se evitar uma comparação pautada em superioridade ou inferioridade da vida batismal. No quinto, *Geraldo De Mori* busca mostrar que a relação entre "doutrina" e "pastoral", desde os tempos do Concílio Vaticano II, ainda é conflituosa, e como, pela Exortação, o Papa Francisco busca reapresentar a profunda relação existente entre vida e teologia, doutrina e pastoral. No sexto, *Luiz Alencar* recorda que são necessários conhecimento e reflexão mais aprofundados sobre a intrincada relação, no contexto do mundo atual marcado pelo secularismo, entre a dinâmica conjugal e a familiar, evidenciando a lógica da misericórdia pastoral como configuração ao ser e ao agir de Jesus Cristo. No sétimo, *Drance Elias* mostra a importância do resgate e da promoção da dimensão comunitária trazidas pela Exortação apostólica, ajudando os membros da família a se tornarem mais abertos e acolhedores em suas relações de reciprocidade.

Este rápido apanhado do conteúdo do presente livro mostra como o amor fecunda a vida familiar, estimula o cotidiano das relações interpessoais e gera a cultura do encontro que caracteriza a sua dimensão social e eclesial. As novas gerações, que crescem sob a força do amor, alargam e desenvolvem as suas experiências atentas à vontade de Deus e à verdadeira felicidade. A família e, nela, a força do amor não são apresentados neste livro como um ideal ou uma utopia, mas, seguindo de perto a inspiração da Exortação, como uma realidade complexa e rica de significados. Em cada uma das páginas deste livro se encontra um olhar aberto, positivo e desejoso de incentivar a leitura da Exortação como uma rica experiência de fé, esperança e caridade, virtudes que renovam a família na prática dos valores e, por ela, renova a Igreja e o mundo na unção do Espírito Santo, força divina da alegria do amor.

Leonardo Agostini Fernandes
Organizador

AMORIS LAETITIA EM QUESTÃO

PARTE BÍBLICA

O SALMO 128 E A ALEGRIA DO AMOR

Leonardo Agostini Fernandes

INTRODUÇÃO

Na exortação *Amoris Lætitia*, existem aproximadamente 270 citações bíblicas. Destas, 100 citações, bem subdivididas (cerca de 50 do AT e 50 do NT), encontram-se no capítulo I, intitulado: "À luz da Palavra" (*AL*, nn. 8-30), e 170 citações ocorrem nos demais capítulos.

Esta breve estatística permite dizer que as afirmações sobre o matrimônio e a família estão fundamentadas na Sagrada Escritura. A hermenêutica dos textos, porém, segue a lógica de ver tudo sob e com o olhar de Jesus Cristo (*AL*, n. 3), Palavra-Amor Encarnado e intérprete por excelência da Sagrada Escritura (por exemplo: Gn 1,27; 2,24 à luz de Mt 19,4 cf. *AL*, nn. 9.19). No debate sobre o divórcio (cf. Mt 19,1-9), Jesus Cristo "anunciou a mensagem relativa ao significado do matrimônio como plenitude da revelação que recupera o projeto originário de Deus" para o homem e a mulher, criados à sua imagem e semelhança (*AL*, n. 62).

O matrimônio e a família são realidades que pertencem à história da humanidade e são, por assim dizer, mais antigas que a revelação e a reflexão teológicas entregues ao povo da antiga e nova aliança (cf. Jr 31,31; Ez 11,19-20; Hb 8,6-13). A Igreja ensina que a aliança instituída no sangue de Jesus Cristo (cf. Hb 9,1.15-28; 12,22-24) redimensionou as estruturas sociais e a própria história da humanidade, dando novo sentido a tudo, em particular ao matrimônio e à família, pelos quais a vida humana continua o seu curso na história.

O objetivo dessa contribuição é reler, à luz da mensagem do Sl 128, alguns tópicos da Exortação Apostólica, ajudando a perceber a sua lógica interna e a relação que pode ser estabelecida entre esse Salmo, que foi escolhido não só para guiar o capítulo I, mas também os demais capítulos, pelos quais a doutrina, a moral, a pastoral e a espiritualidade sobressaem e orientam a sociedade que se funda no matrimônio e se solidifica na família.

O presente estudo está dividido em cinco partes. Na primeira, ofereço a tradução do Sl 128 a partir da Bíblia Hebraica e da LXX (Sl 127 na tradução grega). Na segunda, apresento a organização interna e o gênero literário do Salmo. Na terceira, a partir das seções percebidas na estrutura, proponho um breve comentário exegético. Na quarta, estabeleço uma relação entre os versículos e as citações presentes no capítulo I. Na quinta, proponho uma leitura transversal, considerando certos aspectos dos demais capítulos e, quando possível, fazendo a ligação com o Sl 128. Enfim, tecerei algumas considerações finais.

1. O SALMO 128[127]

TRADUÇÃO A PARTIR DO HEBRAICO (TM)		TRADUÇÃO A PARTIR DO GREGO (LXX)
É feliz todo o que teme o Senhor,	1a	Felizes todos os que temem o Senhor,
o que anda nos caminhos dele.	1b	os que andam por seus caminhos.
Do trabalho de tuas mãos hás de comer;	2a	Comerás os frutos do trabalho de tuas mãos;
serás feliz	2b	és feliz
e será um bem para ti.	2c	e bem existirá para ti.
A tua esposa será como uma videira fecunda	3a	Tua mulher como vinha próspera,
na intimidade da tua casa;	3b	nos rincões de tua casa;
teus filhos serão como rebentos de oliveira	3c	teus filhos como renovos de oliveira
ao redor da tua mesa.	3d	ao redor de tua mesa
Eis que, assim, será abençoado um varão	4a	Olha, assim será abençoado o homem
temeroso do Senhor.		que teme o Senhor.
O Senhor te abençoe desde Sião;	5a	Que o Senhor te abençoe desde Sião,
e vê o bem de Jerusalém,	5b	e que vejas as boas coisas de Jerusalém,
todos os dias da tua vida.	5c	todos os dias de tua vida;
e vê os filhos de teus filhos.	6a	e que vejas os filhos de teus filhos.
Haja paz sobre Israel!	6b	Paz em Israel.

2. ORGANIZAÇÃO DO SALMO

O verbo "temer", o adjetivo "temeroso" e o substantivo "Senhor" (vv. 1.4) emolduram a vida que realiza um varão: trabalho (v. 2), esposa (v. 3ab), filhos (vv. 3c.6a) e sua religiosidade (v. 5). Um dado relevante encontra-se nas recorrências de termos: "Senhor" (vv. 1.4.5), "filhos" (vv. 3c.6a), "temer" (vv. 1.4), "abençoar" (vv. 4.5) e "ver" (vv. 5b.6a). A 2ª pessoa do singular mantém a lógica interna do Salmo, quer pelas formas verbais, quer pelos sufixos pronominais. A 3ª pessoa também ocorre: "o que teme o Senhor" (v. 1a); "dele" (v. 1b); "um varão temeroso do Senhor" (v. 4); "Sião" (v. 5a); "Jerusalém" (v. 5b); "Israel" (v. 6a).

O "caminho", a "casa", "ao redor da mesa", "Sião" e "Jerusalém" são espaços pelos quais a família circula. A locução "todos os dias da tua vida" aponta para a dimensão temporal. A videira e a oliveira evocam elementos da agricultura ricos em símbolo para a fé. O "temor do Senhor", a "bênção", "Sião" e "Jerusalém" significam o âmbito religioso e litúrgico que qualificam a família no Salmo. Esses elementos podem ser encontrados em Lc 2,41-42, por ocasião do *bar miṣwah* de Jesus adolescente no seu encontro com a Torá, pelo qual se tornava maior de idade e responsável por seus atos perante o Senhor e a sociedade (*AL*, n. 18; 182).

Segundo essa dinâmica interna, o Salmo pode ser subdividido em duas seções (vv. 2-3 e vv. 5-6a), precedidos por uma máxima sapiencial coletiva (v. 1), uma constatação pontual (v. 4) e um augúrio coletivo (v. 6b). Com isso, obtém-se um quiasmo, tendo ao centro o v. 4:

A: máxima sapiencial coletiva (v. 1)

  B: trabalho, esposa e filhos (vv. 2-3)

    C: bênção do varão temente (v. 4)

  B': Sião, Jerusalém e filhos (vv. 5-6a)

A': augúrio coletivo (v. 6b).

Os vv. 1 e 4 permitem pensar que o Salmo, inicialmente, dizia respeito a uma bênção reservada para a ocasião de um matrimônio, proferida, talvez, por um sacerdote (v. 5a). O que o v. 1 introduz em forma sapiencial, declarando a felicidade de um varão piedoso, o v. 4 apresenta como fins e resultados. Com isso, a máxima sapiencial do v. 1 tem a sua confirmação na sentença do v. 4. A presença do didático e do profético, exaltando o trabalho do ser humano e a felicidade própria do lar, se percebe segundo a ótica da retribuição que promete ao justo a bênção (v. 5a; cf. Dt 11,26-28).

Ao ser inserido (v. 1a) no bloco dos *Cânticos das subidas* (Sl 120–134), o Sl 128, pelos vv. 5-6, recebeu uma nova conotação e adquiriu um sentido mais abrangente e comunitário. Ao ser entoado pelos peregrinos que caminhavam rumo a Jerusalém, residia na mente e no coração deles o augúrio por quem ia se casar ou por quem havia pouco tinha se casado em suas famílias.

As bênçãos desejadas eram claras: trabalho, esposa fecunda, filhos e vida de fé em família. Essas bênçãos para o varão temente (v. 4), certamente, redundavam em *shalom* para todo o Israel (v. 6b). Assim ficava estabelecida a relação entre a casa do varão: trabalho, esposa e filhos (vv. 2-3), e a casa do Senhor: Sião, Jerusalém e filhos (vv. 5-6a), e a relação entre o varão que busca a bênção e o Senhor que concede a bênção.

3. BREVE COMENTÁRIO EXEGÉTICO

V. 1: O Saltério é aberto e praticamente fechado pela interjeição *Feliz* (cf. Sl 1,1; 2,12; 146,5), condição que está intimamente conexa aos passos que o ser humano deve dar na vida (cf. Sl 17,5; 40,3; 73,2). As construções: "todo o que teme o Senhor e o que anda nos caminhos dele" só ocorrem no Sl 128. A lógica, porém, está presente em outros textos. No Sl 25,12 percebe-se a relação entre o temor do Senhor e o caminho a seguir. Esse temor do Senhor deve ser ensinado e, por conseguinte, aprendido (cf. Sl 34,12). Temer o Senhor e fugir do mal são ações de quem é sábio não aos próprios olhos (cf. Pr 3,7). Por isso, quem caminha retamente teme o Senhor, mas quem se perverte erra o caminho e despreza o Senhor (cf. Pr 14,2).

A felicidade está enraizada na obediência, intrinsecamente condicionada ao temor do Senhor, que é o princípio da sabedoria (cf. Sl 111,10; Pr 1,7; 9,10). Nesse sentido, temer e obedecer ao Senhor são duas ações sinônimas e que derivam do conhecimento da sua Palavra, contemplada na locução: "caminhos dele" (cf. Dt 10,12; Sl 81,14; 95,10). Esta locução pode ser uma referência à Torá/Pentateuco, que contém a instrução capaz de orientar o que o ser humano deve praticar e o que deve evitar, respectivamente: praticar o bem e evitar o mal (cf. 2Rs 17,13; Ml 2,9). Para andar no caminho do Senhor é necessário conhecer tanto o Senhor como a sua vontade (cf. Sl 119,1-3). Nota-se que o conhecimento do Senhor determina o comportamento ético e religioso do ser humano.

Vv. 2-3: A sequência "trabalho", "esposa" e "filhos" aponta para o que realiza um varão que teme o Senhor (vv. 1 e 4). Viver e desfrutar do próprio trabalho traz felicidade e bem-estar ao lado da esposa e filhos (cf. Ecl 2,10.24; 3,13; 5,18; 9,9), porque dignifica o ser humano e mostra as suas habilidades capazes de transformar a terra e o que ela contém em utensílios úteis. O trabalho consente conseguir, com honestidade, o sustento para a família. Além disso, pelo trabalho, o ser humano demonstra porque é *faber* e *sapiens*.

Ao comparar a esposa com uma videira fecunda, o salmista não apenas augura o que se espera das relações (v. 3b: "na intimidade da tua casa"), mas o que realiza a mulher que almeja ser mãe e que se abre à maternidade. A imagem da videira sugere, por um lado, que a mulher fosse muito fértil e, por outro lado, aproxima-a da aliança do Senhor com o seu povo (cf. Sl 80,9-19; Is 5,1-7; Mt 21,33-41; Jo 15,1-17). Esse dado evoca a primeira bênção do Senhor ao ser humano: "frutificai e multiplicai-vos, tornai plena a terra e dominai-a" (Gn 1,28). Além disso, a fecundidade da esposa parece depender da fidelidade do esposo ao Senhor pelo temor e vivência dos seus mandamentos. E mesmo em tempos de crises e dificuldades, o trabalho, o matrimônio e a prole não devem diminuir, pois por eles se deve buscar a paz onde se habita. Nisto está a paz! (cf. Jr 29,1-7).

A evocação dos filhos "ao redor da mesa como rebentos de oliveira" aponta para a união pela qual esses se expandem em novas plantas. A imagem do crescimento é retomada do Sl 127,3-5. Agraciados pela convivência familiar, os filhos crescem capazes de receber de seus pais não somente o alimento para o corpo, mas a instrução e a educação civil e religiosa que formam a vida.

Chama a atenção o uso da videira, para a esposa, e da oliveira, para os filhos, imagens agrícolas que se tornaram símbolo da terra prometida ao povo do Senhor (cf. Gn 8,11; Dt 6,11). O vinho, fruto da videira, alegra o coração do ser humano; o azeite, fruto da oliveira, faz brilhar a sua face e o pão revigora as suas forças (cf. Sl 104,15).

V. 4: Nos bens desejados (vv. 2-3) se reconhece a bênção dada a um varão temeroso do Senhor. Existe uma relação de causa e efeito entre o que o Senhor faz – "será abençoado" – e o que o varão é: "temeroso do Senhor". A síntese já estava na máxima do v. 1: "É feliz todo o que teme o Senhor", porque na ação do varão há confiança (cf. Sl 91,1-2; Is 30,18). O efeito da bênção, que por sua vez causa felicidade, está na tríade: "trabalho", "esposa fecunda" e "filhos". Não se encontra nessa tríade uma vida de riqueza e opulência, mas de satisfação, de bem-estar e de prosperidade que acentuam a segurança que se experimenta em família.

Vv. 5-6a: A invocação "O Senhor te abençoe desde Sião!", também presente no Sl 134,3, podia ser feita por um sacerdote no ambiente do templo de Jerusalém (cf. Nm 6,24-26; Dt 10,8; 2Cr 23,13), ou por um judeu piedoso (cf. Rt 2,4). É certo, porém, que nem o sacerdote nem o judeu piedoso são os que abençoam, mas o Senhor que habita em Sião e escolheu Jerusalém para fazer residir o seu Nome (cf. 1Rs 11,36; 23,27). Em Jerusalém está o Templo, presença do Senhor, rumo ao qual peregrina o justo com a sua família (cf. Dt 16,16-17; Lc 2,41-42).

A ligação entre o bem-estar do varão e de sua família se estabelece, se estende e se concretiza na frase: "vê o bem de Jerusalém". Nesse bem estão condensados todos os bens que um justo espera para si, para a sua família e para o seu povo. Assim, cada pessoa se percebe intrinsecamente unida com Jerusalém, considerada mãe fecunda, geradora de filhos e filhas para o Senhor que fez dela a sua esposa e centro de profusão da sua bênção (cf. Sl 132,13-15).

A reciprocidade individual e social fica evidenciada, isto é, atesta-se que o bem-estar de cada indivíduo (v. 2c) tem a ver com o bem-estar de Jerusalém (v. 5b) e vice-versa. Por esta razão, a bênção é para "todos os dias da tua vida", seja do indivíduo, seja de Jerusalém; bênção estendida para as futuras gerações: "Vê os filhos de teus filhos", sinal da longevidade e coroa dos anciãos (cf. Pr 17,6). Na bênção das futuras gerações se garante a reorientação da história pautada na aliança (cf. Ez 37,24-28). A bênção é um elemento concreto na relação: "o que teme o Senhor" é quem "vê o bem de Jerusalém" e "vê os filhos de teus filhos". Como não se vai de mãos vazias a Jerusalém, também não se sai de mãos vazias de Jerusalém (cf. Ex 23,15; 34,20; Dt 16,16; Eclo 35,1-10). Só os orgulhosos são despedidos de mãos vazias (cf. Lc 1,53).

V. 6b: A bênção individual e familiar (vv. 1-4) passa a ser compreendida na bênção coletiva, representada na cidade santa, centro espiritual do povo (vv. 5-6a). O *shalôm* querido para Israel (v. 6b), plenitude dos dons necessários à vida digna, confirma a bênção individual e que faz feliz o povo salvo e que pertence ao Senhor (cf. Dt 33,29).

A paz sobre Israel acontece na bênção derramada sobre cada família que integra a comunidade de fé (cf. Nm 6,24-27). Essa invocação final de paz do v. 6b estabelece uma profunda ligação humana entre a vida de cada família, que peregrina para Jerusalém (cf. Sl 122,6), e todos os filhos de Israel que se reúnem na sua cidade-mãe para manifestar, no temor do Senhor, a atitude social e religiosa mais eficaz para trazer e manter o povo na paz.

4. O SALMO 128 E OS NN. 8-30 DE *AL*

Como o Sl 128 ajuda a dar o tom adequado e a alcançar maior clareza sobre o matrimônio e a família? Que verdade deriva do Sl 128 para o bem-estar da família? Que o Sl 128 tem a ver com o mistério de amor entre Jesus Cristo e sua Igreja, paradigma para o amor esponsal e familiar?

O Sl 128 contém o valor da viva imagem de uma família entendida biblicamente, isto é, uma família concreta: trabalho, esposo, esposa, filhos e vida de fé. Apesar disso, esse Salmo não apresenta uma realidade matrimonial e familiar já constituída, mas contempla o que é necessário para que possa ser bem constituída com todas as suas implicações sociais e religiosas. É um canto nupcial que conjuga a felicidade desejada com a bênção divina concedida à família. O ser humano é representado pelos seus vínculos com o Senhor, com o trabalho de suas mãos, com a sua família e com a comunidade de fé (*AL*, n. 8).

"É feliz todo o que teme o Senhor; o que anda nos caminhos dele" (v. 1). Nesta máxima sapiencial, aplicada ao homem e à mulher, que contraem núpcias, reside a vida cotidiana, com tudo que a comporta, e a vontade do Senhor que os criou para a felicidade e os uniu física e espiritualmente para, mediante o matrimônio, formarem uma só carne (cf. Gn 2,24; Mt 19,4) e serem fecundos no amor (cf. Gn 1,28). Por esta realidade contempla-se a criação do ser humano, macho e fêmea, à imagem e semelhança de Deus (*AL*, nn. 9-10), permitindo ver no temor o amor perfeito que repele todo tipo de medo, pois na obediência a Deus e à sua vontade está o testemunho do temor que permite o ser humano viver feliz e livre de medos.

Por essa fecundidade, símbolo do amor criador e fecundo do próprio Deus (cf. Sl 127,3-5), manifesta-se que "de fato, a capacidade que o casal humano tem de gerar é o caminho por onde se desenvolve a história da salvação" (*AL*, n. 11), pela qual Deus se revela como sentido último da vida e da existência humana.

Na Exortação Apostólica, a reflexão sobre o matrimônio e a família não aparece como um tratado à parte na Sagrada Escritura, mas como desenvolvimento dessa história da salvação que alcança o seu ápice no mistério da encarnação do Filho Unigênito de Deus, pela qual não apenas o divino se fez humano, mas este se tornou divinizado. Por este mistério de união, que é totalmente doação e entrega de Deus à humanidade, reside a força que permite compreender o amor capaz de unir e manter um homem e uma mulher em matrimônio (*AL*, nn. 12-13): a graça de Jesus Cristo (*AL*, n. 73; 307).

A natureza humana assumida pelo Verbo de Deus pode ser vista de forma nupcial. Os profetas já haviam concebido o amor de Deus pelo seu povo dessa forma, marcada, porém, por inúmeras infidelidades do povo (cf. Os 1,2-3,5; Is 1,21; Jr 2,2; 3,1-5.6-12; 11,15-17; Ez 16; 23). Contudo, o amor fiel de Jesus Cristo por sua Igreja redimensionou a vida familiar (*AL*, nn. 11; 71; 156; 292). Por isso, Paulo sublimou o amor de um homem por uma mulher no amor de Jesus Cristo por sua Igreja, amando-a e se entregando por ela (cf. Ef 5,21-33; Ap 19,7; 21,2).

A imagem da reunião familiar "ao redor da mesa" sintetiza o trabalho e seus frutos, a vida familiar e seus frutos. Esposo, esposa e filhos podem, assim, consumir o fruto do trabalho abençoado pelo Senhor. Na mesa de casa e nos alimentos, os genitores oferecem aos filhos os frutos das suas fadigas e do seu amor. Na verdade, oferecem a si mesmos em sinal de unidade para que haja unidade entre todos os membros da família e, nessa unidade, todos cresçam sempre. É um antídoto para os conflitos entre os pais, entre os filhos e entre pais e filhos.

Um grande mal, em nossos dias, é o afastamento da mesa e a ausência de refeição em família. Os horários de compromissos de pais e filhos estão cada vez mais desencontrados pela falta de unidade na busca do bem comum da família. Nota-se, igualmente, o aumento da ausência materna do lar, em razão do exercício de uma profissão por simples prazer pessoal ou para, por grande necessidade, ajudar a complementar a renda familiar. Também, "os rebentos de oliveira" já não estão ao redor da mesa. Quando materialmente estão, o apelo e apego às mídias sociais os distancia espiritualmente, colocando-os "perto de quem está longe", mas "longe de quem está perto".

Encontrar-se ao redor da mesa, como local privilegiado para o diálogo sobre os fatos vividos e, em particular, para a catequese dos filhos (*AL*, n. 16), torna-se um grande desafio, porque "os pais têm o dever de cumprir, com seriedade, a sua missão educativa... e os filhos são chamados a receber e praticar o mandamento: *honra o teu pai e a tua mãe*" (*AL*, n. 17). Jesus Cristo mostrou que o cumprimento do quarto mandamento não conflitava com a sua opção pela vontade de Deus (cf. Lc 2,41-52, citado em *AL*, n. 18).

Na dinâmica da Exortação Apostólica, o Sl 128 foi uma escolha muito feliz, porque a reflexão, iniciada à luz da Palavra de Deus (capítulo I), contempla o ser humano realizado em família: esposo, esposa e filhos. Assim, as relações e dificuldades interpessoais puderam ser tratadas, bem como o trabalho que "torna possível simultaneamente o desenvolvimento da sociedade, o sustento da família e também a sua estabilidade e fecundidade" (*AL*, n. 24).

A escolha do Sl 128 permitiu que os textos bíblicos fundamentais sobre a criação do ser humano (cf. Gn 1,26; 2,7.15.24), sobre o matrimônio e a família pudessem ser não só citados (cerca de 100 citações bíblicas) mas contextualizados na esfera do trabalho, do matrimônio, da família e da prole, culminando com o que dignifica o ser humano: o amor de Deus, Uno e Trino, encarnado em Jesus Cristo e adorado na família de Nazaré (*AL*, nn. 27-30).

5. LEITURA TRANSVERSAL

O Capítulo II, sobre "A realidade e os desafios das famílias" (*AL*, nn. 31-57), é aberto com uma forte afirmação: "O bem da família é decisivo para o futuro do mundo e da Igreja" (*AL*, n. 31). Nota-se que a família é colocada entre duas realidades que, desde os primórdios do cristianismo, parecem ser distintas e estranhas: o mundo e a Igreja (cf. Jo 15,18-27), mas não o são, pois: "Deus, de fato, amou tanto o mundo que lhe deu o seu Filho unigênito, a fim de que quem nele crer não pereça, mas tenha a vida eterna" (Jo 3,16). O futuro dessas duas realidades, porém, depende do que estas estiverem fazendo pelo bem da família. Este bem é um termômetro eficaz para medir a presença ou a ausência do bem no mundo e na Igreja.

De que bem se está falando? Do bem material, psicológico ou espiritual? Por certo, do bem integral que corresponde ao *shalom* bíblico, como augurado no Sl 128,6. Esta paz é fruto e sinal da presença e do reinado amoroso de Deus na família, que precisa ser acompanhada, em particular, em suas fragilidades:

> A presença do Senhor habita na família real e concreta, com todos os seus sofrimentos, lutas, alegrias e propósitos diários. Quando se vive em família, é difícil fingir e mentir, não podemos mostrar uma máscara. Se o amor anima esta autenticidade, o Senhor reina nela com a sua alegria e a sua paz (*AL*, n. 315).

Qual o papel da Palavra de Deus na implantação e no desenvolvimento do bem da família? Por não conter uma revelação abstrata ou distante de Deus e do seu plano salvífico, a Sagrada Escritura, ou Bíblia, como normalmente é conhecida pelas pessoas, apresenta a família como a principal protagonista e alvo desse divino plano salvífico. A resposta para a pergunta aponta a Palavra de Deus como a luz necessária para que o ser humano possa alcançar a maturidade da inteligência, da vontade, da liberdade e da fé, pelas quais pode tomar as decisões de acordo com o bem, a justiça e a verdade diante de todas as situações e circunstâncias da vida.

A Sagrada Escritura contém a revelação de Deus para o ser humano. Esta, na sua vida, precisa ser percebida, assimilada, refletida e feita própria por uma opção livre. É um caminho de acesso a Deus que permite ao ser humano adquirir o conhecimento do seu plano de amor. Este encontra uma síntese nos Dez Mandamentos (*AL*, n. 17; 96; 189), dados por Deus não para restringir a liberdade, mas para proteger a vida em todas as suas fases e íntimas relações, ensinando que o amor é o que, de fato, realiza o ser humano em plenitude (*AL*, n. 62; 222).

Na criação do homem e da mulher à imagem e semelhança de Deus, com a graça de se multiplicar fecundamente (cf. Gn 1,26-28), se desenvolve a história da salvação no mundo, alcançando a sua plenitude na encarnação do Verbo de Deus (cf. Jo 1,14), que é o primogênito de toda a criação e a imagem do Deus invisível (cf. Jo 1,18; Cl 1,15). Jesus Cristo nasceu, viveu e conviveu com famílias concretas, conhecendo os seus anseios e tensões (*AL*, n. 21).

Com o olhar fixo em Jesus Cristo, a família descobre a sua vocação, tema do Capítulo III (*AL*, nn. 58-88). Em Jesus Cristo a imagem desfigurada do ser humano é refeita segundo o amoroso projeto de Deus, pois elevou a união matrimonial ao nível de sacramento. Assim, contempla-se no Sl 128 a família que se constitui aberta ao valor do trabalho e da transmissão da vida, um sacrário vivo do amor que necessita crescer e ser protegido em cada sociedade.

Que tipo de formação é necessária para se concretizar os ensinamentos contidos no Capítulo IV (*AL*, nn. 89-164), intitulado: "O amor no matrimônio"? Por certo, a doutrina se estabelece à medida que o amor se estabelece, cresce e toma conta da vida familiar. Se no Sl 128 a palavra amor não foi usada, nem por isso estava ausente. Não pode haver amor sem o temor de Deus que estabelece a sua prática e garante a sua existência concreta em família, dando sentido ao trabalho e às relações interpessoais. As fraquezas, as trevas e as patologias não são apenas obstáculos, mas também ocasiões oportunas para a manifestação da prática cotidiana do amor que mantém a família firme diante das situações e ambientes hostis.

O Sl 128,3 atesta e exalta o amor fecundo da esposa e a casa repleta de filhos que se reúnem ao redor da mesa. Nesse ponto, o Capítulo V (*AL*, nn. 165-198) direciona a reflexão e mostra "O amor que se torna fecundo". Amor que é vida e gerador de vida, e se alarga para uma fecundidade que não apenas procria, mas também adota, mostrando a força dos vínculos que fortificam a família humana. Essa integração familiar contempla a vida em todas as suas etapas e relações. A união, fruto do amor fecundo vivido em família, robustece as relações e ajuda a imunizar os membros contra todas as formas de egoísmo, e devolve à sociedade o sentido da vida de cada ser humano e da instituição que o gera e o protege: a família.

No Capítulo VI (*AL*, nn. 199-258), intitulado "Algumas perspectivas pastorais", a Exortação Apostólica apresenta a missão da Igreja ante as mais diversas perplexidades, desafios e dificuldades hodiernas, quanto ao matrimônio e à família. A Igreja, consciente da sua missão evangelizadora, realiza o seu papel social dentro do projeto do reinado de Deus no mundo (cf. Mt 5,13-16). As suas ações pastorais partem do anúncio da Boa-Nova de Jesus Cristo dirigido ao ser humano. A parábola do semeador (cf. Mt 13,3-9) serve para ilustrar a missão no que diz respeito aos êxitos e fracassos na sua ação evangelizadora.

O anúncio da Boa-Nova de Jesus Cristo requer de toda a Igreja esforço e empenho para que a família se torne cada vez mais o local privilegiado para se experimentar a salvação. Nessa tarefa, a Igreja não é só formadora, mas também necessitada de formação, pois os seus membros vêm das famílias. Conforme o projeto de Deus, a família requer que a Igreja ajude eficazmente a preparar os jovens vocacionados ao matrimônio não só para celebração sacramental, mas, principalmente, que os acompanhe na sua vida matrimonial, ajudando-os a assumir o seu papel nela e na sociedade.

No Sl 128,3 encontra-se a presença dos filhos "ao redor da mesa". Uma imagem muito sugestiva que não se restringe ao aspecto comensal, mas integra a experiência formativa, pois à mesa os membros da família se encontram para comer, mas também para relatar o seu dia e, dentro dessa dinâmica, partilhar as experiências entre os mais velhos e os mais novos. À mesa se reforça a educação dos filhos, tema do Capítulo VII (*AL*, nn. 259-290), cujo objetivo é a preparação para a vida, proporcionando aos membros da família o progresso na maturidade em vista das ações cada vez mais livres e responsáveis. Isto exige preparação ética dos pais, sem a qual os filhos não receberão os parâmetros necessários. A família é o lugar dos hábitos bons e da luta contra os vícios. Lugar da promoção do bem e da correção dos desvios, com paciência e pedagogia. A família não deveria delegar a outras instituições o que lhe é próprio e específico como missão. Destacam-se a educação sexual e a transmissão da fé. A sociedade e a Igreja possuem um papel importante nesse processo, como auxiliadoras adjuntas das famílias.

O Capítulo VIII (*AL*, nn. 291-312), intitulado "Acompanhar, discernir e integrar a fragilidade", reflete uma grande maturidade da Igreja sobre o que dizem as leis e as normas, e a capacidade humana de conhecê-las e colocá-las em prática. A fidelidade a Deus é muito mais abrangente que o mero cumprimento ou descumprimento de uma lei ou norma geral. Isto não significa negar o bem de uma lei ou norma geral, mas significa que a sua aplicação pode ter atenuantes no âmbito particular, e nem por isso a pessoa deixa de amar e de ser fiel a Deus. Acentua-se muito mais a moral das virtudes que a moral da lei, sem que uma exclua a outra.

A Igreja não existe para criar e executar leis, mas para fazer conhecer a verdade que liberta (cf. Jo 8,32) e se deixar conduzir pelo Espírito Santo à plenitude dessa mesma verdade salvífica (cf. Jo 16,13). Se a lei serve de parâmetro para julgar e condenar, a verdade serve para estabelecer a justiça e libertar. Nessa compreensão e prática encontram-se as bases para a lógica da misericórdia pastoral se deixar conduzir a exemplo de Jesus Cristo, que não condena, mas salva, não exclui, mas reintegra. É o exemplo de Jesus Cristo, Bom Pastor (cf. Jo 10,11), que deixa as noventa e nove ovelhas sobre o monte (cf. Mt 18,12), ou no deserto (cf. Lc 15,4), para ir ao encontro da ovelha perdida e alegra-se ao encontrá-la (cf. Mt 18,13; Lc 15,5-7). Não se busca saber por que se extraviou, simplesmente existe a alegria da reintegração no rebanho.

De forma muito feliz, o Capítulo IX (*AL*, nn. 313-325), intitulado "Espiritualidade conjugal e familiar", faz moldura com o Capítulo I sobre o matrimônio e a família, "À luz da Palavra de Deus". Nesta se encontra a fonte das vocações, pois, quando cada ser humano que vem a esse mundo descobre a sua identidade, como imagem e semelhança de Deus (cf. Gn 1,26), também descobre a sua missão no projeto de Deus. Um paralelo pode ser estabelecido: assim como Deus, Uno e Trino, habita a Palavra que inspira, nela se encarna e por ela salva o mundo, de igual modo Deus inabita o ser humano com a sua presença e a sua graça. O

Sl 128 permite perceber a ação de Deus na vida da família através da sua graça e da sua bênção.

O ser humano, quando se descobre vocacionado para a vida matrimonial, entra numa dinâmica particular do amor trinitário de seu Deus e Criador, passa a experimentar e viver a espiritualidade de comunhão: "a espiritualidade matrimonial é uma espiritualidade do vínculo habitado pelo amor divino" (AL, n. 314). É a espiritualidade encarnada na comunhão familiar que faz crescer no amor que constrói o sonho de Deus (AL, nn. 315; 321), centralizado em Jesus Cristo e na sua total doação pela vontade salvífica de Deus. "A família vive a sua espiritualidade própria, sendo ao mesmo tempo uma Igreja Doméstica e uma célula viva para transformar o mundo" (AL, n. 324). Esta espiritualidade é uma união mística. Paulo percebeu, refletiu e ensinou (cf. Ef 5,21-33).

CONSIDERAÇÕES FINAIS

Ao buscar os fundamentos na Sagrada Escritura, a Exortação Apostólica encoraja e indica um caminho para que os cônjuges e as famílias encontrem a felicidade e a alegria do amor que não procura o próprio interesse (cf. 1Cor 13; AL, nn. 90-119). A imagem que no Sl 128 integra a família, Sião, Jerusalém e Israel, pela sua relação com o Senhor em comunhão com os fiéis, abre-se para que o mundo e a Igreja repensem as suas relações, a fim de que a verdade sobre o ser humano, sua vocação e missão, corresponda à sua dignidade de filho de Deus. O divino e o humano agindo juntos, isto é, a graça versada encontrando a matéria disposta e cooperando com ela, permite que as dificuldades da vida e do relacionamento familiar sejam vencidas e se atinja uma felicidade fecunda em nível existencial. Nesse sentido, o Sl 128 é uma proposta concreta de bênção e de felicidade.

A Igreja deu um passo feliz e indicou um caminho pela Exortação Apostólica *Amoris Lætitia*: é preciso escutar, apreciar, acompanhar, educar e integrar as famílias. Assim, percebe-se por que o bem que o salmista desejou para a família, estendido para Jerusalém, centro de Israel, é, na verdade, um augúrio universal para que haja paz na família e no mundo. A solução dos problemas sociais, que tanto afligem as famílias, passa, necessariamente, pela revalorização e recuperação da capacidade de amar do ser humano. Nisto está a força que estimula cada família no seu compromisso com o bem, a justiça e a verdade.

Quando sentimentos, emoções e pensamentos se movem na mesma direção do amor, não há dispersão de energias. Alinhados, permitem regenerar o interior de cada pessoa e regenerar também o seu exterior relacional. Se a mentira é atraída pelo medo, o respeito atrai sempre a verdade e gera uma união cada vez mais profunda entre os sentimentos, as emoções e os pensamentos.

De Jesus Cristo saía uma força que a todos curava (cf. Mc 5,30; Lc 6,19), porque nele a frequência do amor por Deus e pela humanidade assumida direcionava essa força para salvar: cumpria a vontade de Deus e realizava a esperança humana. Então, assim se compreende e é possível praticar o novo mandamento: "Amai-vos uns aos outros como eu vos amei" (Jo 15,12).

Esta é uma razão suficiente para se viver a *Alegria do Amor* em família, no mundo e na Igreja, sem preconceitos nem divisões, mas em harmonia e em comunhão fraterna. A *Alegria do Amor*, que se vive nas famílias, enche o mundo e a Igreja de esperanças, tornando o ser humano capaz de se abrir para fomentar em si as mudanças necessárias para que triunfe o amor social que nunca exclui ninguém, porque é um perfeito sinal da presença e do Amor de Deus Uno e Trino.

REFERÊNCIAS BIBLIOGRÁFICAS

BORTOLINI, J. *Conhecer e rezar os Salmos*: comentário popular para nossos dias. São Paulo: Paulus, 2000.

FERNANDES, L. A.; GRENZER, M. *Dança, ó Terra!* Interpretando Salmos. São Paulo: Paulinas, 2013.

FERNANDES, L. A. *Evangelização e família*: subsídio bíblico, teológico e pastoral. São Paulo: Paulinas, 2015.

FRANCISCO, PP. *Amoris Lætitia*: sobre o amor em família (19 de março de 2016). Disponível em: < http://m.vatican.va/content/francescomobile/pt/apost_exhortations/documents/papa-francesco_esortazione-ap_20160319_amorislaetitia.html >.

GERSTENBERGER, E. S. *Psalms (Part 2) and Lamentations*. Michigan: Grand Rapids, 2001.

KASPER, W. *Amoris laetitia*: rottura o ripartenza? *Il Regno 21* (2016) 679-685.

KRAUS, H.-J. *Los Salmos 60-150*. Salamanca: Ediciones Sígueme, 2014.

LORENZIN, T. *I Salmi*. Milano: Paoline, 2001.

PIACENTINI, B. *I Salmi*. Preghiera e poesia. Milano: Paoline, 2012.
RAVASI, G. *Il Libro dei Salmi*: commento e attualizazione. Brescia: EDB, 1984. v. 3. p. 101-150.
SANTO AGOSTINHO. *Comentário aos Salmos*. São Paulo: Paulus, 1998. v. 3, p. 101-150.
SCHAEFER, K. *Psalms*. Collegeville (Minnesota): The Liturgical Press, 2001.
SCHIPPA, V. *Salmi. Canti delle ascensioni*. Padova: Edizioni Messaggero di Sant'Antonio, 2004. v. 4.
STADELMANN, L. I. J. *Os Salmos da Bíblia*. São Paulo: Paulinas/Loyola, 2015.
WEISER, A. *Os Salmos*. São Paulo: Paulus, 1994.

DIMENSÕES DO AMOR EM FAMÍLIA NA *AMORIS LAETITIA* À LUZ DO DISCIPULADO E DA MISSÃO SEGUNDO O EVANGELHO DE SÃO MARCOS

Gonzalo Arturo Bravo Alvarez

INTRODUÇÃO

A Exortação Apostólica *Amoris Lætitia* não é um escrito sobre a família, mas sobre o amor na família. Ao que parece, o determinante não é o estatuto jurídico dela, mas a dinâmica interna que a constitui: o amor. Tanto é verdade que o documento nunca define a família em si mesma, mas em função das relações internas de seus membros, independentemente de quem eles sejam. "Partindo das reflexões sinodais, não se chega a um estereótipo da família ideal, mas um interpelante mosaico formado por muitas realidades diferentes, cheias de alegrias, dramas e sonhos" (*AL*, n. 57).

Tendo em vista o acima dito e destacando o tipo de relação dos que formam uma família, tratarei de mostrar seis dimensões do discípulo segundo o Evangelho de São Marcos.[1] Com este esforço, desejo evidenciar de que modo o Evangelho da família tem semelhança com o Evangelho segundo São Marcos e o chamado ao discipulado, já que nas duas boas-novas o fundamento das suas relações íntimas é um só: Jesus.

Assumindo a matiz do amor na família, desejo apresentar seis dinâmicas bíblicas, isto é, seis dimensões do discipulado que fortalecem o amor na família, seguindo o Evangelho segundo São Marcos sobre o amor.

---

[1] A intenção está alinhada com o apresentado pelo documento *A Teologia hoje* da Comissão Teológica Internacional (29 novembro de 2011), disponível em: < http://www.vatican.va/roman_curia/congregations/cfaith/cti_documents/rc_cti_doc_20111129_teologia-oggi_sp.html >. Neste mesmo sentido, María Carmen Aparicio Valls, em seu artigo "A relação entre exegese e teologia sistemática". In: MAZZAROLO, I.; FERNANDES, L. A.; LIMA, M. L. C. *Exegese, teologia e pastoral*: relações, tensões e desafios. Rio de Janeiro: PUC-Rio; Santo André: Academia Cristã, 2015. p. 151-180.

1) O amor tem a ver com "sair de si mesmo", sair das próprias certezas para se relacionar com os membros da família, de forma incondicional e sem restrições (cf. Mc 1,14-15).

Em diferentes lugares, ao interior da *AL*, aparece a importância do "outro" para a configuração de si mesmo (*AL*, nn. 100; 110; 128); além disso, a família é considerada como uma oportunidade de estar "frente a frente" e "em saída".[2] Sempre na linha para se ampliar os horizontes existenciais e para se viver cristãmente, fala-se de "uma amplitude mental para não se fechar na obsessão de umas poucas ideias".[3] No documento, com frequência, está a necessidade de sair dos próprios recursos pessoais, das supostas exatidões das convicções que cada pessoa acredita ter no mais profundo de si. O outro é sempre oportunidade de amor gratuito e de saída que nos permite ficar vulneráveis para amar e ser amados.

É sugestivo que as primeiras palavras de Jesus, no Evangelho segundo São Marcos, sejam a exortação à conversão: "convertei-vos e crede no Evangelho" (Mc 1,15). Em grego, o primeiro verbo é um imperativo presente (μετανοεῖτε); quer dizer, é um contínuo que ordena a quem escuta estas palavras a viver nesta chave de conversão. Porém, o que é, realmente, a conversão? O verbo μετανοέω está formado por duas palavras: "μετα" e "νοέω", ou seja, mais além do próprio pensamento, da certeza pessoal, da convicção atual. No fundo, o chamado de Jesus não tem tanto a ver com o regressar a uma condição original de bondade, tal como seria o sentido hebraico do verbo *shûv* (שוב), mas sim com o sair de si mesmo segundo a óptica do Evangelho. Essa atitude de saída de si mesmo se vê consolidada pelo caminho que o próprio Jesus traça para seus discípulos.

Esse dado tem grande impacto no amor em família, já que a saída das zonas mais profundas de um "eu" escravizado a si mesmo é uma oportunidade de colocá-lo em relação de amor com os que o rodeiam. Isso reclama uma disponibilidade gratuita que permita valorizar a dignidade de cada pessoa. Assim é como sustenta *AL* n. 323: "É possível estar plenamente presente diante do outro, se uma pessoa se entrega

---

[2] "A família é o âmbito da socialização primária, porque é o primeiro lugar onde se aprende a relacionar-se com o outro, a escutar, partilhar, suportar, respeitar, ajudar, conviver" (*AL*, n. 276).

[3] No início de *AL*, n. 139, se diz: "Amplitude mental, para não se encerrar obsessivamente numas poucas ideias, e flexibilidade para poder modificar ou completar as próprias opiniões. É possível que, do meu pensamento e do pensamento do outro, possa surgir uma nova síntese que nos enriqueça a ambos".

gratuitamente, esquecendo tudo o que existe ao redor". Em função disso, parece-me adequado citar o que escrevi na Revista *Testimonio*:

> Desse modo, a vida própria pode-se experimentar como uma saída até o "outro", que me nutre em humanidade e no qual meu eu se converte em oportunidade de alteridade e de capacidade de relação. Como se aprecia, a tensão existencial não é colocar-se no eu, mas sair até um tu. Nesse processo de existir entorno aos outros e com os outros, podemos também incorporar a disposição espiritual de uma existência para Deus. Na realidade, somente quando tiro a centralidade de mim mesmo, quando coloco no centro a vitalidade da semelhança com Deus que configura cada ser humano, posso viver a experiência fascinante de uma vida livre e, a partir dela, encontrar-me com o "outro" sem medos, sem desejos de domínio nem de servilismos.[4]

2) Ir atrás de Jesus é dizer que o discipulado é seguimento de Jesus, de quem se transforma na fonte inesgotável do amor em família (cf. Mc 1,16-20).

Se a conversão, como dito acima, significa ir mais além das próprias e exclusivas convicções, e implica pôr em dúvida a existência do próprio modo de viver, e se tudo isto tem consequências em como viver aberto para o outro, então, pode-se colocar em risco a própria identidade. Uma vida em chave "pró-existência" (quer dizer, "viver para") poderia resultar seccionadora ou alienante. Surge, assim, a pergunta: quem pode conduzir minha saída a fim de que esta não signifique perder-se na vida?

Para responder a essa importante questão, existe um critério no Evangelho segundo São Marcos que pode nos ajudar. Quando Jesus chama os primeiros discípulos, não lhes diz "segue-me" nem "venham comigo". A expressão grega utilizada é Δεῦτε ὀπίσω μου, que poderíamos traduzir por: "vinde atrás de mim" (Mc 1,17).[5] Ao imperativo "vinde" segue uma preposição que indica o lugar exato: atrás de Jesus. Esta é a forma de se converter e de sair de si mesmo para pôr-se atrás de Jesus. Ele vai adiante; é ele quem abre caminho; ele é quem guia; ele é quem dá segurança; e ele é quem protege. Se nosso processo de amor familiar está guiado por Jesus, nada temos a temer. Isto quer dizer que o verdadeiro discípulo sai de si mesmo e vai atrás de Jesus. De algum modo, a conversão não é um abandono ao nada, mas é se resguardar

---

[4] BRAVO, 2017, p. 13.
[5] É importante dar precisão à tradução de Mc 8,33, quando se utiliza a expressão: Ὕπαγε ὀπίσω μου, porque a traduzem mal, como: "Sai da minha frente". Na realidade, deveria ser traduzir: "anda atrás de mim".

atrás de Jesus; deste modo, o protagonismo do eu cede ante o papel de Jesus como Senhor da vida e da própria história.

O amor dos que estão integrados em família será mais profundo e permanente se cada um dos membros que a compõem sente que em sua vida segue a Jesus, que vai atrás dele e que nele encontra seu fundamento. A família está chamada dinamizar-se pelo amor a Jesus, que passa a ser cabeça que irriga toda a sua dinâmica amorosa e de entrega ao interior dela.[6]

O mesmo documento, quase ao fim, expressa algumas das consequências deste "estar em Jesus":

> Se a família consegue concentrar-se em Cristo, ele unifica e ilumina toda a vida familiar. Os sofrimentos e os problemas são vividos em comunhão com a Cruz do Senhor e, abraçados a ele, pode-se suportar os piores momentos. Nos dias amargos da família, há uma união com Jesus abandonado, que pode evitar uma ruptura (AL, n. 317).[7]

Assumindo o convite de Jesus, de se pôr atrás dele, o que resta a cada um dos membros da família é reconhecer, em si mesmos, a força de um amor que vale mais que as egoístas dinâmicas do eu: é a maravilhosa presença do amor de Deus que guia a existência familiar.

> 3) Um amor que se configura com a **vontade de Deus** e que não se trata de uma egoísta busca pessoal da felicidade. O amor na família tem a ver com a decisão, ainda que às vezes dolorosa, de cumprir totalmente a vontade de Deus (cf. Mc 8,34).

Na dimensão anterior, insistiu-se que o amor na família tem a ver com o seguimento de Jesus Cristo, e não só com um reconhecimento. Não basta, efetivamente, pronunciar-se sobre a identidade de Jesus para se ter a certeza de que o seguimos; não se pode esquecer que o primeiro que reconhece Jesus como "Santo de Deus", no Evangelho de Marcos, é um espírito impuro.[8] A decisão de segui-lo é chave no processo do amor no interior da família.

---

[6] O belo capítulo III da AL, que se intitula: "O olhar fixo em Jesus: a vocação da família", deseja pôr em relevo esta segunda dimensão do amor em família.

[7] No mesmo sentido, AL, n. 323: "É uma experiência espiritual profunda contemplar cada ente querido com os olhos de Deus e reconhecer Cristo nele. Isto exige uma disponibilidade gratuita que permita apreciar a sua dignidade".

[8] "E nesse momento, um homem, com um espírito imundo, estava na sinagoga deles e exclamou, dizendo: 'Que tens a ver conosco, Jesus de Nazaré? Vieste para nos destruir? Sei quem és: o Santo de Deus!'" (Mc 1,23-24).

Ao iniciar a segunda parte do Evangelho (Mc 8,34),[9] Jesus reúne as pessoas e seus discípulos,[10] aos quais expõe as condições para segui-lo e se colocar atrás dele (novamente aparece a expressão ὀπίσω μου). Os seguidores deverão fazer três coisas: 1) renunciar a si mesmos; 2) carregar sua própria cruz; 3) segui-lo. É interessante o jogo dos modos verbais usados na expressão do grego. Os dois primeiros verbos têm matiz de uma ação concluída no passado,[11] mas o verbo de seguimento (ἀκολουθείτω) tem uma forma contínua de imperativo presente; quer dizer, descreve uma ação permanente de seguimento que está condicionada a duas ações antes executadas: renunciar a si mesmo e carregar a própria cruz.

Então, parece importante poder decidir algo sobre o que significa "renunciar a si mesmo" e "carregar a própria cruz". No primeiro caso, "renunciar a si mesmo" tem a ver com uma oposição aos próprios interesses, a uma renúncia ao que cada um considera como próprio e apropriado, para, pelo contrário, confiar-se no outro, em Alguém que é totalmente Outro: Deus e seu enviado Jesus.[12] Portanto, quem se nega a si mesmo, não se anula, mas confia plenamente em Jesus, quem o acolhe, quem vai adiante dele e quem é seu refúgio. No segundo caso, "carregar a própria cruz" tem a ver com a disponibilidade de assumir todas as consequências do cumprimento da vontade de Deus em uma ascese cristã cotidiana.[13] A cruz é um signo do sofrimento associado à configuração com a tarefa de Jesus; não se trata apenas de qualquer sofrimento, mas do que está vinculado ao cumprimento da vontade do Pai.[14]

Não é uma condição posta ao azar; Jesus sabe que, se não nos negarmos a nós mesmos, se não diminuirmos nosso protagonismo, nunca

---

[9] Muitos colocam uma divisão do Evangelho, seguindo o sentido do texto, como uma "cristologia corretiva". Desse modo, à introdução de Mc 1,1-13 segue a primeira parte (Mc 1,14-8,30), destinada a mostrar a identidade de Jesus como Messias; a segunda parte (Mc 8,31-16,8) é a correção do tipo de messianismo que já não triunfará, eliminando a vida dos inimigos, mas dando a vida por eles. Desse modo, todo o Evangelho segundo São Marcos busca identificar Jesus com o Messias e com o seu verdadeiro messianismo.

[10] Cabe notar o desejo de integrar as pessoas, além de seus discípulos, na escuta do discurso que se seguirá (GUNDRY, 1993, p. 433).

[11] Isto vem representado pelos imperativos aoristos ἀπαρνησάσθω (renuncia) e ἀράτω (tome).

[12] PESCH, 1982, p. 100-101.

[13] Ibid., p. 101.

[14] Assim, qualquer situação adversa não pode ser considerada uma "cruz que se deva carregar". Por exemplo, não é cruz, no sentido que estamos dizendo, o injusto castigo de um homem a uma mulher, ou a discriminação social diante de uma condição ou opção pessoal de vida que não siga em sintonia com a vontade de Deus.

poderemos nos colocar "atrás dele". Isto custa, não cabe a menor dúvida! Contudo, essa é a flor preciosa que embeleza nossa entrega. A cruz não significa uma renúncia qualquer ou uma injusta situação dolorosa que devo assumir sem revelar-me; ela alude, bem mais, às consequências, às vezes dolorosas, do que significa viver de acordo com a vontade de Deus. No caso de Jesus, sabemos que "cumprir a vontade de seu Pai" significou que a cruz – a consequência de assumir a vontade de Deus em sua vida – é a morte. Para nós, a cruz pode ser morrer para tantas coisas ou, por que não, começar a viver do modo maravilhoso e livre em Jesus, que nos deseja presentear quando caminhamos "atrás dele". Em Mc 8,34, o imperativo "segue-me" assume um papel ratificador do que antes se menciona. Segue a mesma linha: não se pode ser discípulo de Jesus se não é a ele a quem se segue incondicionalmente.

A *AL* nos anima no caminho da cruz, quando nos lembra de que "A condescendência divina acompanha sempre o caminho humano, com a sua graça, cura e transforma o coração endurecido, orientando-o para o seu princípio, através do caminho da cruz" (*AL*, n. 62).

4) A transmissão e a celebração da fé em família, especialmente da Eucaristia, dinamizam o amor dentro dela. Escutando os ensinamentos de Jesus e celebrando o mistério de sua entrega por nós, renova-se a vida de todo discípulo (cf. Mc 1,38-39; 14,22-24).

O Evangelho segundo São Marcos começa com uma afirmação contundente: "Jesus Cristo, Filho de Deus" (Mc 1,1). O resto da narrativa aprofundará estes aspectos com os ensinamentos, os milagres e a vida de Jesus. É por ele que se observa uma dimensão essencial no discipulado: ter a capacidade de escuta para assimilar os ditos de Jesus e de abertura para acolher seus atos salvíficos. O seguimento de Jesus se faz difícil sem o meditar, continuamente, sobre o que ele disse, fez e viveu para cumprir a vontade do Pai.

As três dimensões anteriores foram focadas em uma saída (1), em um situar-se atrás de Jesus (2) e no assumir a vontade de Deus até a negação da nossa própria vida (3). Nessa quarta dimensão, o que se deseja pôr em relevo é a transmissão da experiência dos discípulos em relação a Jesus. O seguimento não se dá apenas por convicção racional, mas também por sintonia emocional que nos vincula a uma pessoa, e não só a uma ideia, ou a uma energia indeterminada. Nesse sentido, vale recordar o que Bento XVI sustentou no início da carta encíclica *Deus caritas est* (n. 1): "Não se começa a ser cristão por uma decisão ética ou uma grande ideia, mas pelo encontro com um acontecimento, com uma Pessoa que dá novo horizonte à vida e, com ele, uma orientação decisiva".

Jesus tem uma especial dedicação para ensinar, pregar e exemplificar, de modo sensível, a verdade que devia transmitir.[15] Sua intenção pedagógica se expressa na especial proximidade com seus discípulos, com o povo em geral e, inclusive, com as autoridades judaicas. É neste contexto de intimidade onde começa a forjar-se uma relação de proximidade, de conhecimento e, definitivamente, de seguimento. Ainda assim, a comum união com Jesus não é algo meramente instrumental, mas que se converte num estilo de identidade do discípulo. O sumário de Mc 1,38-39 descreve o que Jesus faz de forma frequente: prega e expulsa demônios. Estas duas ações declaram, em síntese, o que o ouvinte-leitor discípulo deve saber de Jesus. Escutar o que Jesus diz e discernir o que faz permitirá fazer e ter uma experiência dele e de sua função salvadora no meio da história. Uma família que se reúne para comentar a vida cotidiana, em relação à vida de Jesus, tem a ocasião para fazer o mesmo que ocorreu com os discípulos e, desse modo, poder experimentar a proximidade do Deus da história em sua própria história.

Contudo, o discipulado no Evangelho segundo São Marcos tem um momento culminante: a entrega de Jesus na noite da última ceia (cf. Mc 14,22-24). Nesse sublime momento da vida de Jesus, com a presença de Judas e do resto dos discípulos que o iriam abandonar, Jesus oferece seu corpo e seu sangue derramado. Jesus não somente se identifica com as espécies eucarísticas, mas estas, fundamentalmente, expressam a sua condição de entrega salvífica.

Na Eucaristia, Jesus está se entregando para a salvação de muitos; desse modo, "O espaço vital de uma família podia transformar-se em Igreja doméstica, em local da Eucaristia, da presença de Cristo sentado à mesma mesa" (*AL*, n. 15). Se cada membro de nossas famílias vivesse sua relação de entrega como fez Jesus, certamente haveria mais possibilidades de sair do individualismo que caracteriza grande parte dos membros das famílias e do nosso entorno mais próximo. É essa a convicção mais importante no momento da celebração da Eucaristia: a oportunidade da configuração com Cristo que se entregou por amor ao Pai em benefício dos seres humanos.

---

[15] Existem várias bibliografias sobre como Jesus ensina para a vida. Entre tantas, destaco: SEYMOUR, 2014, e CARVAJAL, 2012.

Outro modo apropriado de contato com Jesus é a oração em família, seja ela apoiada na Palavra de Deus, na piedade, no silêncio contemplativo, seja no oferecimento das distintas vicissitudes cotidianas dentro do núcleo familiar. Efetivamente, "os momentos de oração em família e as expressões da piedade popular podem ter mais força evangelizadora do que todas as catequeses e todos os discursos" (*AL*, n. 288). Nesse sentido, vale a pena recordar o que também se afirma em *AL*, n. 318:

> A oração em família é um meio privilegiado para exprimir e reforçar esta fé pascal. Podem-se encontrar alguns minutos cada dia para estar unidos na presença do Senhor vivo, dizer-lhe as coisas que os preocupam, rezar pelas necessidades familiares, orar por alguém que está atravessando um momento difícil, pedir-lhe ajuda para amar, dar-lhe graças pela vida e as coisas boas, suplicar à Virgem que os proteja com o seu manto de Mãe. Com palavras simples, este momento de oração pode fazer muito bem à família. As várias expressões da piedade popular são um tesouro de espiritualidade para muitas famílias.

Nesta quarta dimensão do discipulado, descobrimos um elemento básico para fortalecer o amor em família: a familiaridade com a Pessoa de Jesus, descobrindo nele a fonte de nosso operar e de nosso padecer.

> 5) A grande prova e a tentação permanente: abandonar Jesus para se confinar em um "eu" que busca o que apraz, rejeita o que não convém e é indiferente ao que não o afeta. As dificuldades na vivência do amor na família começam quando o "eu" se antepõe a um "nós" (cf. Mc 14,50).

As quatro dimensões anteriores, todas elas centradas em Cristo e na busca da vontade de Deus, podem não ser assumidas por determinadas condições e situações existenciais experimentadas por todos. Excetuando aquelas pessoas que decidiram viver uma vida distante de Jesus, a maior parte deseja ter uma intimidade existencial, ativa e pragmática com Jesus. Contudo, nem sempre isso resulta factual, pois muitas vezes acabamos fazendo o que não queremos e/ou não realizamos o que desejamos.[16] Esta é nossa condição, porém, nem por isso é um abandono ao que o próprio Jesus pensou para nós.

Do texto evangélico, podemos constatar que a intenção original de Pedro e dos discípulos era "morrer por Jesus". Efetivamente, em Mc 14,31 se lê: "Pedro, com insistência, repetia: ainda que tenha que mor-

---

[16] É tal como São Paulo descreve seu drama existencial: "Pois não faço o bem que desejo, mas o mal que não quero, isto pratico" (Rm 7,19).

rer contigo, não te negarei. E todos também diziam o mesmo". Disto se entende que não havia intenção de deixar Jesus, nem de não assumir a consequência de morrer por ele. Pouco à frente, porém, verifica-se a realidade de uma reação insuspeitada e, por sua vez, dramática e devastadora: "e deixando-o sozinho, o abandonaram" (Mc 14,50).[17] A condição de fragilidade pessoal assumida nos permitirá integrar, também, a debilidade de alguns membros de nossas famílias. Sabemos que estas não são perfeitas[18] nos membros que as compõem. Nesse sentido, ajuda-nos o que expressa *AL*, n. 210:

> No caso de se reconhecer com clareza os pontos fracos do outro, é preciso que exista uma efetiva confiança na possibilidade de ajudá-lo a desenvolver o melhor da sua personalidade para contrabalançar o peso das suas fragilidades, com um decidido interesse em promovê-lo como ser humano. Isto implica aceitar com vontade firme a possibilidade de enfrentar algumas renúncias, momentos difíceis e situações de conflito, e a sólida decisão de preparar-se para isso.

Resulta importante integrar a falta de seguimento a Cristo e/ou a fuga de seu plano de salvação para manter vivo o amor nas famílias. Ao lado da menção de que não existem as famílias perfeitas, *AL*, n. 135, termina dizendo: "É mais saudável aceitar com realismo os limites, os desafios e as imperfeições, e dar ouvidos ao apelo para crescer juntos, fazer amadurecer o amor e cultivar a solidez da união, suceda o que suceder". Esta redação converte-se em um convite a aceitar que, como com os discípulos, não basta a boa intenção; também deveremos integrar a queda e o peso interior dos que formam a família como uma experiência que não coloca em risco a unidade da mesma. O último parágrafo de *AL*, n. 325, pode ajudar a compreender essa realidade:

> Mas contemplar a plenitude que ainda não alcançamos permite-nos também relativizar o percurso histórico que estamos fazendo como família, para deixar de pretender das relações interpessoais uma perfeição, uma pureza

---

[17] A expressão grega Καὶ ἀφέντες αὐτὸν ἔφυγον πάντες (e tendo-o abandonado, fugiram todos), reflete uma situação duplamente culpável dos discípulos diante de Jesus. A primeira parte da frase (e tendo-o abandonado) descreve uma ação consumada deles quanto àquele: "já o abandonaram". Não há mais vínculo entre os que foram chamados para "estar com Jesus" em Mc 3,13; eles já não responderam para o que foram chamados. Sobre esta experiência, a expressão insiste ainda mais: "fugiram todos". Como se já não se tivesse consumado o abandono, o evangelista redunda a ação; agora é a fuga de todos, dos mesmos que em Mc 14,31 tinham dito que morreriam com Jesus.

[18] "Dou graças a Deus porque muitas famílias, que estão bem longe de se considerarem perfeitas, vivem no amor, realizam a sua vocação e continuam para diante, embora caiam muitas vezes ao longo do caminho" (*AL*, n. 57).

de intenções e uma coerência que só poderemos encontrar no Reino definitivo. Além disso, impede-nos de julgar com dureza aqueles que vivem em condições de grande fragilidade. Todos somos chamados a manter viva a tensão para algo mais além de nós mesmos e dos nossos limites, e cada família deve viver neste estímulo constante. Avancemos, famílias; continuemos a caminhar! Aquilo que se nos promete é sempre mais. Não percamos a esperança por causa dos nossos limites, mas também não renunciemos a procurar a plenitude de amor e comunhão que nos foi prometida.

Com estas cinco dimensões, podemos configurar a experiência cotidiana do amor na família, seja em seu entorno mais restrito, seja em sua dimensão mais ampla. Muitos sentem que a família é o espaço onde se experimenta "um amor forte e cheio de valores, como a generosidade, o compromisso, a fidelidade e a paciência" (*AL*, n. 5), mas também somos testemunhas da força do eu individualista que desarticula o entrelaçado das relações mais básicas de amor na sociedade.[19]

De algum modo, podemos constatar que não basta a decisão de sair de si mesmos (primeira dimensão) e se por atrás de Jesus (segunda dimensão), para assumir a vontade de Deus, custe o que custar (terceira dimensão), numa vida configurada pela Eucaristia (quarta dimensão); sempre existirá um entardecer obscuro que confina até nossas supostas seguranças e que se traduz num abandono a Jesus. É essa experiência do amor na família: um amor cheio de tensões, um amor tentado, um amor provado. O próprio documento reconhece que "A história de uma família está marcada por crises de todo o gênero" (*AL*, n. 232); porém, não é nela que termina sua dinâmica; tal dificuldade ainda pode ser vista como um "um novo 'sim' que torna possível o amor renascer reforçado, transfigurado, amadurecido, iluminado" (*AL*, n. 238).

Claramente para que isto aconteça, são necessárias uma força especial do alto e uma nova opção radical que incorpore as debilidades dos que façam parte da família, e, por sua vez, que se difunda a vida do amor em família como uma boa-nova para a sociedade em geral. Poucas coisas fazem o amor crescer mais que amar e manifestar o amor no cotidiano; inclusive, a partir das legítimas diferenças e debilidades de cada um dos membros da família.

---

[19] "... há que considerar o crescente perigo representado por um individualismo exagerado que desvirtua os laços familiares e acaba por considerar cada componente da família como uma ilha, fazendo prevalecer, em certos casos, a ideia de um sujeito que se constrói segundo os seus próprios desejos assumidos com caráter absoluto" (*AL*, n. 33). No mesmo sentido, *AL*, n. 187: "Às vezes o individualismo destes tempos leva a fechar-se na segurança de um pequeno ninho e a sentir os outros como um incômodo. Todavia, este isolamento não proporciona mais paz e felicidade, antes fecha o coração da família e priva-a do horizonte amplo da existência".

6) Jesus volta a optar por aqueles que não responderam ao seu amor. A missão renova o amor: da incredulidade ao testemunho. Reconhecer a fraqueza é expressão de amor e, por sua vez, oportunidade para aprofundá-lo (cf. Mc 16,14-15).

Com a fraqueza assumida e com a consumação do abandono do seguimento de Jesus, é possível que todo o amor em família possa decair e fragmentar-se, da mesma forma como o ocorrido no Evangelho segundo São Marcos. Contudo, a distância e a separação, a fraqueza e o fracasso não são a última palavra. Se o Evangelho narra a nova opção de Jesus por seus discípulos, os mesmos que tinham fugido e o abandonado, mostra também que em família pode-se viver esse Evangelho do perdão e de ressurreição.[20]

Sabemos bem que o Evangelho segundo São Marcos chegava, inicialmente, até Mc 16,8; com este final se expressava apenas o silêncio e o temor das mulheres que tinham sido enviadas por "um jovem de túnica branca" (cf. Mc 16,5) aos discípulos para dizer-lhes que Jesus caminha para a Galileia, onde será visto por eles (cf. Mc 16,7). Desse modo, todo o Evangelho terminava com os discípulos "desconectados" do anúncio da ressurreição e as mulheres, por sua vez, cheias de temor e assombro (cf. Mc 16,8).

A comunidade, porém, entendeu que a força da ressurreição teria que considerar uma reparação para a ação dos discípulos e, sobretudo, um novo envio aos seguidores de Jesus; não, porém, a partir de suas supostas capacidades e coerências, mas desde as suas fraquezas e incoerências. A vida nova do ressuscitado não prescinde da vulnerabilidade humana, mas, muito pelo contrário, necessita desta para mostrar toda a sua eficácia.[21] Uma situação semelhante é que deve afetar o amor na família. Um amor maduro, um amor em chave de ressurreição, não é

---

[20] Sobre a experiência de um discipulado depois da ressurreição, que considera o abandono dos discípulos ao momento da paixão de Jesus, veja-se BRAVO, 2009, p. 9-28.

[21] Isto tem muito a ver com a situação do apóstolo Paulo, alcançado pelo "aguilhão na carne". Ao pedir ao Senhor que o libertasse de tal situação (na realidade não se sabe bem a que se refere), recebeu como resposta: "Te basta a minha graça, pois meu poder se manifesta na fraqueza" (2Cor 12,9). Esta expressão é um dos mais grandes paradoxos de toda a Bíblia. A tradução da Bíblia de Jerusalém, "pois é na fraqueza que a força manifesta todo o seu poder", não consegue descrever o que realmente ali se diz. A tradução literal do grego é: "pois a força na debilidade se completa" (τελεῖται: "consuma-se", "chega a termo"); isto se nota toda vez que o poder do Senhor "necessita" da fraqueza dos seres humanos para se completar. Observe-se bem: o poder de Deus "necessita" da fraqueza humana, nossa fraqueza, para alcançar seu fim, para completar-se (τελεῖται)... Que maravilha, que ternura, que oportunidade, que humildade, que grandeza!

o que apenas se relaciona com as virtudes, mas que também integra os desafetos e as negações existenciais.

Voltemos, porém, ao texto. Em Mc 16,9 são agregadas algumas notas que não estão em sintonia com o que se havia dito até Mc 16,8. Por exemplo, no denominado "apêndice canônico" (cf. Mc 16,9-20),[22] se diz que Jesus aparece a Maria Madalena e que ela foi comunicá-lo aos "que tinham estado com ele, que estavam tristes e chorando" (Mc 16,10). Nada disso havia sido dito antes. O Apêndice acrescenta, inclusive, que eles não acreditaram nela,[23] apesar de ouvir que ela tinha visto Jesus e que estava vivo (cf. Mc 16,11). Desse modo, o texto destaca a incredulidade diante da boa notícia e o desprezo por quem a comunica; é difícil imaginar maior marginalização e distância com a notícia da ressurreição de Jesus. Ao que parece, os que "tinham estado com ele" não têm capacidade de reação, assimilação nem conversão. Os que tinham deixado tudo para se pôr atrás de Jesus, agora, estão estáticos e atônitos.

Em Mc 16,12, uma expressão temporal (Μετὰ δὲ ταῦτα: depois disto) destaca a "quebra" com o que está anteriormente descrito: vê-se Jesus cumprir uma ação de modo completo e definitivo, quando se manifesta e aparece para dois deles. Tampouco, porém, estes creram (Mc 16,13). Com outra expressão temporal (Ὕστερον: por último), Jesus volta a tomar a iniciativa e, usando a mesma expressão de Mc 16,12, aparece aos Onze. Não são outras testemunhas, mas as mesmas que "tinham estado com ele"; nesse momento "censurou-lhes a incredulidade e a dureza de coração, porque não tinham acreditado nos que o tinham visto ressuscitado" (Mc 16,14).

O mais notável, porém, é que Jesus não fica na censura e não lhes faz um sermão sobre a fraqueza que demonstraram no momento que o negaram; nem sequer existe menção disso. Uma vez constatada a fraqueza, quem sabe até baseada na mesma, dá-lhes a missão que os configura como os enviados que proclamarão a Boa Notícia a toda criatura (cf. Mc 16,15). A iniciativa de Jesus não desconhece a fragilidade na fé dos Onze nem a dureza de seus corações, mas as integra e as coloca a serviço de uma missão. As palavras decisivas, expressas

---

[22] Assim, por exemplo, denomina a Bíblia de América, da Editorial Casa da Bíblia.
[23] Aqui usa-se o verbo ἀπιστέω ("não crer"). Lamentavelmente, isto não deve surpreender, porque os discípulos nunca são modelos de fé; ao contrário do que acontece com um centurião (cf. Mt 8,9-10), com uma mulher siro-fenícia (cf. Mt 15,21-28), e com um cego sentado à beira do caminho (cf. Mc 10,45-52). No Evangelho segundo São Marcos, a única vez que os discípulos se relacionam com a fé é para contestar que não a possuem (cf. Mc 4,40).

com dois imperativos aoristos, transformaram por completo a vacilante atitude diante das mulheres. A fraqueza que se põe a serviço da missão, tal como em Mc 16,15, poderia estar na base do que se afirma em *AL*, n. 308: "creio sinceramente que Jesus Cristo quer uma Igreja atenta ao bem que o Espírito derrama no meio da fragilidade".

Nas famílias, o amor pode-se experimentar com incoerência e limitações; pode, inclusive, ser negado por alguns de seus membros; ainda mais, pode debilitar-se a tal ponto de não ser experimentado por seus integrantes. Sempre, porém, assumirá a possibilidade de receber a ação transformadora do mandato de Jesus para possibilitar a salvação. Para iluminar este ponto, serve-nos bem o que está dito em *AL*, n. 108:

> ... isto pressupõe a experiência de ser perdoados por Deus, justificados gratuitamente e não pelos nossos méritos. Fomos envolvidos por um amor prévio a qualquer obra nossa, que sempre dá uma nova oportunidade, promove e incentiva. Se aceitamos que o amor de Deus é incondicional, que o carinho do Pai não se deve comprar nem pagar, então poderemos amar sem limites, perdoar aos outros, ainda que tenham sido injustos para conosco. Caso contrário, a nossa vida em família deixará de ser um lugar de compreensão, companhia e incentivo, e tornar-se-á um espaço de permanente tensão ou de castigo mútuo.

Uma chamada final provém de *AL*, n. 57:

> Não caiamos na armadilha de nos consumirmos em lamentações autodefensivas, em vez de suscitar uma criatividade missionária. Em todas as situações, "a Igreja sente a necessidade de dizer uma palavra de verdade e de esperança. [...] Os grandes valores do matrimônio e da família cristã correspondem à busca que atravessa a existência humana". Se constatamos muitas dificuldades, estas são – como disseram os bispos da Colômbia – um apelo para "libertar em nós as energias da esperança, traduzindo-as em sonhos proféticos, ações transformadoras e imaginação da caridade".

CONSIDERAÇÕES FINAIS

Propusemos seis dimensões do discipulado, a partir do Evangelho segundo São Marcos, que poderiam ser, por sua vez, seis momentos do amor na família. Se nas primeiras dimensões fez-se alusão a "ir mais além" para "colocar-se atrás" de Jesus e assumir com toda a radicalidade a vontade de Deus, passando pela celebração da fé e pela experiência da incoerência, na última, exorta-se a sair de si para anunciar, a partir da fraqueza e da fragilidade, a Boa-Nova de Jesus. De modo parecido, o amor em família, experimentado como uma saída desde as próprias individualidades para vincular-se intimamente à Pessoa de Jesus, permite dispor-se a promover estreitas relações entre os membros da família, ainda que em meio às fraquezas e das crises, sabendo que "cada família, mesmo na sua fragilidade, pode tornar-se uma luz na escuridão do mundo" (*AL*, n. 66).

REFERÊNCIAS BIBLIOGRÁFICAS

APARICIO VALLS, M. C. A relação entre exegese e teologia sistemática. In: MAZZAROLO, I; FERNANDES, L. A.; LIMA, M. L. C. *Exegese, teologia e pastoral*: relações, tensões e desafios. Santo André: Editora PUC Rio, 2015. p. 151-180.

BENTO XVI. Carta encíclica *Deus caritas est*. São Paulo: Paulinas, 2007.

BRAVO, G. El discipulado post-pascual. *Veritas* 20, p. 9-28, 2009.

BRAVO, G. Reencontrarse con la debilidad: principio de humanización. *Revista Testimonio* 281 (2017) 12-18.

CARVAJAL, J. *Pedagogía del primer anuncio. El Evangelio ante el reto de la increencia*. Madrid: PPC, 2012.

COMISIÓN TEOLÓGICA INTERNACIONAL, *La Teología hoy* (29 noviembre 2011). Disponible en: < http://www.vatican.va/roman_curia/congregations/cfaith/cti_documents /rc_cti_doc_20111129_teologia-oggi_sp.html >.

GRUNDRY, R. *Mark. A Commentary on His Apology for the Cross*. Michigan: Grand Rapids, 1993. v. I.

PESCH, R. *Il vangelo di Marco*. Brescia: Paideia, 1982. v. II.

SEYMOUR, J. *Teaching the Way of Jesus: Educating Christians for Faithful Living*. Nashville: Abingdon Press, 2014.

A *VIA CARITATIS* COMO INCANSÁVEL PRÁTICA DO BEM (*AL* 306 [GL 5,14] E *AL* 104 [GL 6,9])

Waldecir Gonzaga

INTRODUÇÃO

Após três anos de trabalhos e um longo processo preparatório, com pesquisas e consultas sobre a temática e a realidade da família em todos os continentes, o Papa Francisco publicou a Exortação Apostólica Pós-Sinodal *Amoris Lætitia,* Sobre o Amor na Família (*AL*), no primeiro semestre de 2016. Este texto reúne os frutos dos Sínodos celebrados em 2014 e 2015, com suas respectivas Assembleias Sinodais. O documento final oferece à Igreja toda uma oportunidade para se realizar um novo, urgente e necessário impulso nos trabalhos em prol da família, que abarque todos os seus aspectos a partir da *via caritatis* como incansável prática do bem, pois "a misericórdia divina contagia a humanidade" (FRANCISCO, 2016b, 116).

Somos chamados a dar mais ouvido ao que nos recorda o cardeal W. Kasper, já no subtítulo de sua obra *A Misericórdia*, afirmando que ela é "condição fundamental do Evangelho e chave da vida cristã", mas que anda esquecida e precisa ser resgatada como o tema mais importante para o séc. XXI (KASPER, 2015a, p. 17-26). Aliás, o Concílio Vaticano II já nos alertava para o fato de que o mundo precisa viver o amor em sua dupla direção: a Deus e ao próximo (GONZAGA, 2016b, p. 15-39).

Destaque especial merece a linha mestra que o Papa Francisco indica para a Igreja, a partir dos três verbos de ação, que aparecem como título do cap. VIII da *AL*: "acompanhar, discernir e integrar a fragilidade", como itinerário a ser trilhado, especialmente nos casos de famílias e matrimônios em dificuldades (SISTACH, 2017, p. 39). Este capítulo é um grande convite a realizar um processo do discernimento pastoral sempre a partir de um diálogo sincero e respeitoso, com capacidade de escuta, como meio para se avançar neste campo delicado, propiciando superação das dificuldades (MONGE, 2016, p. 202), sempre prenhe de misericórdia (SISTACH, 2017, p. 40), visto que ela "faz parte da natureza de Deus" (ROMANIUK, 2015, p. 78), que "é rico em misericórdia e lento na ira" (Ex 34,6; Jl 2,13; Ef 2,4). Onde há muita dor também é preciso apresentar vasta abertura ao diálogo e ao perdão, como que a "fresta da misericórdia de Deus" (FRANCISCO, 2016b, 56), e não o endurecimento do coração. Não parar nunca. Pelo contrário, Francisco afirma que é preciso procurar todas as "brechas" para se praticar a *via caritatis* de forma incansável, nunca se esquecendo da máxima jurídica: *in dubio pro reo* (FRANCISCO, 2016b, p. 68-116).

O Papa tem muito claro que Deus é misericordioso e quer que todos façam a experiência da ternura divina, de um Deus de superlativa bondade e abundante ternura, como nos indica a figura do pai misericordioso em Lc 15,11-32 (GONZAGA, 2016a, p. 100). Ele nos convida a caminhar com confiança pela *via caritatis* como *modus vivendi et operandi*, especialmente neste campo tão ferido hoje que é a família, não tendo medo de confiar inteiramente na *Misericordia Dei*, visto que "a confiança na misericórdia de Deus nos faz mais humanos e mais cristãos" (AUGUSTIN, 2016, p. 38). A *via caritatis* não nos oferece segurança ou caminhos prontos, visto que será construída a partir do caminho de Jesus: "do amor misericordioso" (*AL* 312). A caridade é uma aventura nas mãos do Deus misericordioso que nos conduz de descoberta em descoberta. Ela é um clima sereno e constante de atenção à *voluntas Dei* no irmão, especialmente no mais ferido pela *via crucis* da vida cotidiana. A *via caritatis* pede um único olhar para com o irmão ferido, ver a dor do outro com os olhos do Cristo compassivo e misericordioso.

Se a família é um dom de Deus para a Igreja e para o mundo, é preciso que tenhamos presente a dura realidade em que se encontram muitas famílias hoje, com dificuldades e crises, inclusive com matrimônios rompidos. Todas estas situações familiares clamam por uma Igreja samaritana que lhes dê um pouco do *óleo da misericórdia* e se torne para elas uma pousada onde possam encontrar amor e compaixão, pois já sofreram muito ao longo do caminho (CRESPO HIDALGO, 2015, p. 183-184).

O Cristianismo tem sido muito desafiado a apresentar novas perspectivas no trabalho em prol da realidade em que o ser humano vive hoje, especialmente no campo da família. Infelizmente a corrupção, a pobreza, o tráfico e a violência, apenas para citar quatro pontos, têm aumentado no mundo e de forma descontrolada. Juntamente com isso, tem-se agigantado a realidade de falta de amor e de misericórdia. Isso tem afetado em cheio a concretude da família, que tem passado por enormes e profundas mudanças. Diante deste cenário é que o Papa Francisco tem apresentado "a novidade de Cristo", que não condena mas oferece "o abraço da misericórdia de Deus" a todos os que se encontram feridos ao longo do caminho (FRANCISCO, 2014, p. 11). Aliás, ele tem repetido incansavelmente que "Deus sempre espera por nós, mesmo quando nos afastamos! Ele nunca está longe e, se voltarmos para ele, está pronto para nos abraçar" (FRANCISCO, 2014, p. 11).

1. BASES BÍBLICAS DA *AMORIS LAETITIA*

Tendo presente que a experiência e a esperança cristã nos dizem que nunca é tarde para a prática do bem, o Papa Francisco, na *Amoris Lætitia*, entres os muitos pontos, indica a *via caritatis* (*AL* 306; Gl 5,14) como norma de conduta cristã a ser seguida por todos e em todos os campos, especialmente no campo da família, e nos convoca para uma "incansável prática do bem" (*AL* 104; Gl 6,9). Faz-se imperativo entender o apelo da *AL* 306, citando o *mandamento maior do amor ao próximo*, a partir de Gl 5,14 ("amarás o teu próximo como a ti mesmo"), como regra e voz que clamam aos ditames da consciência moral no que tange a trilhar a *via caritatis* como projeto de vida cotidiana e exercício diário, *jamais se cansando de praticar o bem*, como lemos em Gl 6,9 ("não desanimemos em praticar o bem"), por mais desafiadora que seja a realidade (*AL* 104).

A bandeira da caridade, enquanto misericórdia de Deus para com seus filhos e filhas, tem sido forte e ternamente levantada por Francisco. Aliás, isso já podemos perceber na frase escolhida para seu lema episcopal: *Miserando atque eligendo* ("Olhando-o com misericórdia, o elegeu"), levada adiante em seu ministério, "convertendo-a em uma palavra-chave de seu pontificado" (KASPER, 2015b, p. 53). Para ele, a misericórdia e o amor ao próximo ocupam o topo das virtudes e ações divinas (GONZAGA, 2014, p. 83).

Acreditamos ser importante conferir as bases bíblicas da *Amoris Lætitia*, procurando analisar o uso das Sagradas Escrituras em seu conjunto (AT e NT), para depois fazer a *exegese* dos dois textos citados pelo Papa

Francisco, extraídos da carta aos Gálatas (Gl 5,15 e 6,9), a fim de tratar da temática da *via caritatis* como prática incansável do bem na *AL* 104 e 306, ainda que seja a partir de pequenos passos (SISTACH, 2017, p. 47). Tudo parece indicar que o Papa tem muito claro que a *caridade*, além de estar no centro da lei, é também o seu ponto mais alto e importante, visto que ela supera até mesmo a *esperança* e a *fé* (1Cor 13,9.13).

 De imediato, ao ler a Exortação *Amoris Lætitia*, o leitor logo se depara com todas as citações bíblicas no corpo de seu texto, não as encontrando em notas de rodapé, como muitos documentos normalmente costumam trazer. Outra coisa que salta aos olhos é o uso muito maior do NT (181 vezes) e com maior peso no *corpus dos Evangelhos* (99 vezes: Mateus [35x], Marcos [17x], Lucas [28x], João [19x]) e *Atos* (7x), seguido pelo *corpus Paulino* (51x, nas diversas cartas, com predomínio em 1Coríntios 22x]) e Hebreus (4x), depois pelo *corpus Católico* (13x: Tiago [4x], 1Pedro [4x], 1 João [5x]), e, finalmente, pelo Apocalipse (7x). Se separarmos o *corpus* joanino, então temos (31x, com João [19x], 1 João [5x], Apocalipse [7x]). No que diz respeito ao uso de textos do AT (80x), o peso maior recai sobre o *corpus* sapiencial (39x, com predomínio de Salmos [17x]), seguido do *Pentateuco* (32x, com predomínio de Gênesis [24x]), depois pelo *corpus* profético (7x, com predomínio de Isaías [3x]) e, por fim, de pouca coisa do *corpus* histórico (2x). Mas o que se nota é que todos os *corpora* do AT e do NT são citados na *AL*, percorrendo toda a Sagrada Escritura, do AT ao NT. Assim sendo, o Papa nos indica que todas as *Sagradas Páginas* devem ser lidas e valorizadas para que possamos ter presente o *sensus plenus* da Bíblia, e não de textos separadamente ou até mesmo desconexos.

 Além da presença das muitas citações bíblicas, é importante ler *AL* a partir de sua Teologia Bíblica, que faz um grande convite a todos nós para que sejamos capazes de "acompanhar, discernir e integrar a fragilidade", como caminho a ser percorrido, porém sempre a partir da prática incansável do bem, espalhando e levando a todos a ternura de Deus. Aliás, tendo presente que a *via caritatis* é um *mandamento superlativo*, Francisco tem repetido a frase de São João XXII, afirmando que a Igreja, "Esposa de Cristo prefere usar o remédio da misericórdia em vez de empunhar as armas do rigor" (FRANCISCO, 2016b, p. 35). A *Teologia Bíblica* presente na *AL* é a *Teologia da Misericórdia*, de um agir misericordioso e incansável do Deus de ternura e bondade em vista do bem do homem, e do homem que foi transfigurado pela *via caritatis* em vista do bem de seu semelhante, especialmente dos mais frágeis (GONZAGA, 2014, p. 75-95), pois "a misericórdia é o fio condutor de toda a revelação" e o "centro da autorrevelação divina" (AUGUSTIN, 2016, p. 38-39).

Francisco quer que tomemos a misericórdia como "princípio hermenêutico" na interpretação das duras feridas e realidades em que se encontram as famílias, que façamos "uma mudança de paradigma", pois "a misericórdia é o atributo principal de Deus" (KASPER, 2015b, p. 58); ele quer que "adotemos a perspectiva do Pai celestial de observar os homens como criaturas de Deus e filhos seus" (AUGUSTIN, 2016, p. 52), que ajudemos as pessoas a experimentarem a ternura do "Cristo compassivo e misericordioso" (GONZAGA, 2016a, p. 92-112).

Especial atenção deve ser dada ao caminho a ser tomado, a *via caritatis*, como *modus operandi* da prática do bem e de forma incansável (Gl 6,9), tendo sempre presente que a Igreja se sabe parte do *genus humanum* como lócus existencial onde ela é chamada a praticar a *Misericordia Dei*, tendo consciência de que a "plenitude da lei é o amor ao próximo como a ti mesmo" (Gl 5,14). O grande convite é para que a Igreja siga os passos de Cristo que, ao longo de toda a sua missão, "sempre revelou a misericórdia salvífica do Pai" (ROMANIUK, 2015, p. 81), visto que Deus é o Pai de toda misericórdia, especialmente para com os que encontra feridos e machucados ao longo do caminho, tentando, de qualquer modo, encontrá-lo. Se profundas são as feridas da humanidade e das famílias, maior ainda é a misericórdia de Deus (FRANCISCO, 2016b, p. 45-46).

Para se ter uma ideia de como a *AL* usou as *Sagradas Escrituras* em seus vários *corpora*, tanto do AT como do NT, queremos oferecer num *quadro referencial* as indicações de como a *AL* usou cada um dos livros de cada *corpus* do AT e do NT, a fim de que possamos ver onde temos um peso maior. O *quadro referencial* do uso das Sagradas Escrituras na *AL*, que trazemos aqui, é dividido entre o uso do AT e o uso do NT, a partir de seus respectivos textos: *Tanak*, LXX e *Koiné*. O critério usado, a fim de facilitar a leitura, foi o de subdividir os vários blocos que temos nas divisões comuns, já encontrados nas diversas literaturas bíblicas para os dois Testamentos. Como sempre, várias citações são *diretas* e outras tantas são *indiretas*, a partir de alusões ou referências, remetendo a um cf. que, porém, preferimos não indicar aqui. Ao entrar em contato com o texto da *AL* o leitor se dará conta de tudo isso. Basta seguir o gráfico, que é bastante simples, de fácil leitura e pode nos ajudar muito a correr os olhos e a fazer uma análise do uso das Sagradas Escrituras na *AL*.

USO DO ANTIGO TESTAMENTO NA *AMORIS LAETITIA* (*TANAK* E LXX)			
Pentateuco (4)	Históricos (2)	Sapienciais (7)	Profetas (5)

Gênesis (24x): 1,26 (*AL* 71); 1,26-27 (*AL* 63); 1,27 (*AL* 10); 1,27-28 (*AL* 81); 1,28; (*AL* 11); 2,15 (*AL* 23); 2,24 (*AL* 9; 13 e 190); 2,7 (*AL* 221); 3,16 (*AL* 19); 3,17-19 (*AL* 26); 4 (*AL* 8); 4,17-22.25-26; (*AL* 11); 5,10; (*AL* 11); 9,7 (*AL* 11); 11,10-32 (*AL* 11); 17,2-5.16 (*AL* 11); 25,1-4.12-17.19-26; 28,3 (*AL* 11); 35,11; (*AL* 11); 36 (*AL* 11); 48,3-4 (*AL* 11);

Êxodo (7x): 4,22 (*AL* 28); 12,26-27 (*AL* 16); 13,14 (*AL* 16); 20,12 (*AL* 17 e 189); 20,17 (*AL* 96); 34,6 (*AL* 91);

Números (1x): 14,18 (*AL* 91);

Deuteronômio (1x): 6,20-25 (*AL* 16);

1 Reis (1x): 21 (*AL* 26);

2 Macabeus (1x): 12,44.45 (*AL* 257);

Jó (1x): 19,13.17 (*AL* 20);

Salmos (17x): 22/21,4 (*AL* 314); 27/26,10 (*AL* 28); 63/62,9 (*AL* 13); 71/70,9 (*AL* 191); 78/77,3-6 (*AL* 16); 127/126,1.3-5 (*AL* 14); 127/126,2 (*AL* 23); 128 (*AL* 19); 128,2 (*AL* 23); 128/127,1-6 (*AL* 8); 128,4-5 (*AL* 15); 128/127,5-6 (*AL* 24); 131 (*AL* 28); 131/130,2 (*AL* 28); 139/138,13 (*AL* 168); 145/144,4 (*AL* 287); 148,12 (*AL* 16);

Provérbios (7x): 3,11-12; 6,20-22; 13,1; 22,15; 23,13-14; 29,17 (*AL* 17); 31,10-31 (*AL* 24);

Eclesiastes (1x): 7,14 (*AL* 149);

Cântico dos Cânticos (3x): 2,16; 6,3 (*AL* 12); 8,6 (*AL* 255);

Sabedoria (3x): 3,2-3 (*AL* 256); 11,23; 12,2.15-18 (*AL* 91);

Eclesiástico (6x): 3,3-4 (*AL* 17); 3,30 (*AL* 306); 14,5-6 (*AL* 101); 14,11.14 (*AL* 149); 14,16 (*AL* 129); 36,24 (*AL* 12);

Isaías (3x): 38,19 (*AL* 287); 49,15 (*AL* 28 e 179);

Jeremias (1x): 1,5 (*AL* 168);

Daniel (1x): 4,24 (*AL* 306);

Oseias (1x): 11,1.3-4 (*AL* 28);

Malaquias (1x): 2,14.15-16 (*AL* 123);

USO DO NOVO TESTAMENTO NA *AMORIS LAETITIA* (KOINÉ)						
Evangelhos (4)	Atos	Paulo (10)	Pastorais (1)	Hebreus	Católicas (3)	Apocalipse

Mateus (35x): 2,11 (*AL* 30); 3,55 (*AL* 182); 5,28 (*AL* 319); 7,1 (*AL* 308); 7,5 (*AL* 104); 7,24-27 (*AL* 8); 8,14 (*AL* 64); 9,2 (*AL* 100); 10,8 (*AL* 102); 11,19 (*AL* 289); 13,3-9 (*AL* 200); 13,31-32 (*AL* 287); 14,12-14 (*AL* 183); 14,27; 15,28 (*AL* 100); 18,3-4 (*AL* 18); 18,17 (*AL* 297); 19,1-12 (*AL* 71); 19,3 (*AL* 19 e 62); 19,4 (*AL* 9); 19,5 (*AL* 13); 19,6; 19,8 (*AL* 62); 20,1-16 (*AL* 25); 20,26; 20,27 (*AL* 98); 21,28-31 (*AL* 21); 22,1-10 (*AL* 21); 22,30 (*AL* 159); 22,39 (*AL* 27); 23,37 (*AL* 144); 25,35 (*AL* 46); 25,40 (*AL* 183); 28,20 (*AL* 319);

Marcos (17x): 1,10-11 (*AL* 71); 1,29-31 (*AL* 21); 1,40-45 (*AL* 289); 2,16 (*AL* 289); 5,22-24.35-43 (*AL* 21); 5,41 (*AL* 64 e 100); 6,2.3 (*AL* 182); 7,8-13 (*AL* 188); 7,11-13 (*AL* 17); 7,33 (*AL* 289); 10,1-12 (*AL* 63 e 71); 10,21 (*AL* 323); 10,34-37 (*AL* 18); 10,51 (*AL* 323); 12,1-9 (*AL* 21);

Lucas (28x): 1,46-48 (*AL* 168); 2,19.51 (*AL* 30); 2,44 (*AL* 182); 2,48-50 (*AL* 18); 2,51 (*AL* 18); 5,5; 5,10 (*AL* 322); 6,35 (*AL* 102); 6,37 (*AL* 112 e 308); 7,11-15 (*AL* 21); 7,14-15 (*AL* 64); 7,15 (*AL* 258); 7,36-50 (*AL* 21 e 289); 7,50 (*AL* 100); 8,21 (*AL* 18); 9,9-13; 9,17-27 (*AL* 21); 9,59-62 (*AL* 18); 10,38 (*AL* 64); 12,13-21 (*AL* 26); 15,8-10; 15,11-32 (*AL* 21); 16,1-31 (*AL* 26); 19,41 (*AL* 144); 22,20 (*AL* 318); 23,34 (*AL* 105);

João (19x): 1,9 (*AL* 78); 2,1-10 (*AL* 21); 2,1-11 (*AL* 64); 3,1-21 (*AL* 289); 4,1-26 (*AL* 294); 4,1-30 (*AL* 64); 4,7-26 (*AL* 289); 8,1-11 (*AL* 27 e 64); 11,1-44 (*AL* 21); 11,33 (*AL* 144); 11,33-35 (*AL* 254); 13,34 (*AL* 27); 11,35 (*AL* 144); 15,12 (*AL* 306); 15,13 (*AL* 27 e 102); 16,13 (*AL* 3); 20,17 (*AL* 255);

Atos (7x): 2,47; 4,21.33; 5,13 (*AL* 289); 7,9; 17,5 (*AL* 95); 18,3 (*AL* 24); 20,35 (*AL* 110);

Romanos (3x): 2,15 (*AL* 222); 12,21 (*AL* 104); 16,5 (*AL* 15);

1 Coríntios (22x): 2,9 (*AL* 256); 4,12 (*AL* 24); 4,18; 4,19 (*AL* 97); 7,5 (*AL* 61 e 154); 7,6-8 (*AL* 159); 7,7 (*AL* 61 e 159); 7,14 (*AL* 228); 7,25; 7,29 (*AL* 159); 7,29-31 (*AL* 325); 7,32 (*AL* 159); 8,1 (*AL* 97); 9,12 (*AL* 24); 11,17-34; 11,21-22 (*AL* 185); 11,28.29 (*AL* 186); 13,2-3 (*AL* 89); 13,4-7 (*AL* 90); 16,9 (*AL* 15);

2 Coríntios (2x): 3,2-3 (*AL* 322); 9,7 (*AL* 110);

Gálatas (2x): 6,9 (*AL* 104); 5,14 (*AL* 306);

Efésios (8x): 4,26 (*AL* 104); 5,21 (*AL* 156); 5,21-32 (*AL* 63 e 71); 5,21-33 (*AL* 11); 5,22; 5,28 (*AL* 156); 6,4 (*AL* 269);

Filipenses (2x): 1,23 (*AL* 256); 2,4 (*AL* 101);

1 Tessalonicenses (4x): 3,12 (*AL* 134); 4,6 (*AL* 154); 4,9.10 (*AL* 134); 4,11 (*AL* 24);

2 Tessalonicenses (1x): 3,10 (*AL* 24);

Colossenses (3x): 1,16 (*AL* 77); 3,21 (*AL* 269); 4,15 (*AL* 15);

Filêmon (1x): 2 (*AL* 15);

1 Timóteo (3x): 4,4 (*AL* 61); 6,17 (*AL* 96 e 149);

Hebreus (3x): 10,32 (*AL* 193); 13,2 (*AL* 324); 13,4 (*AL* 61);

Tiago (4x): 3,6; 3,8; 3,9; 4,11 (*AL* 112);

1 Pedro (4x): 2,5 (*AL* 14); 3,9 (*AL* 104); 4,8 (*AL* 306); 5,5 (*AL* 98);

1 João (5x): 2,11; 3,14; 4,8; 4,12 (*AL* 316); 4,16 (*AL* 290);

Apocalipse (7x): 3,20 (*AL* 15 e 318); 6,9-11 (*AL* 257); 19,9 (*AL* 63); 21,2.9 (*AL* 8); 21,4 (*AL* 22 e 258).

2. A PRÁTICA INCANSÁVEL DO BEM PELA *VIA CARITATIS* NA *AL* 104 E 306

Ao longo de todo o texto da Exortação *Amoris Lætitia*, o substantivo "amor" é, de longe, o que tem maior ocorrência, aparecendo 385 vezes (e mais 10 vezes no campo semântico amoroso e enamorado). Aliás, ele aparece já desde o título do documento (*Amoris Lætitia*, Sobre o Amor na Família), e, em seu primeiro número, principia afirmando que "A alegria do *amor* que se vive nas famílias é também o júbilo da Igreja", e vai permeando todo o texto até o seu último número (*AL* 325), na Oração final, com a expressão "Jesus, Maria e José, em vós contemplamos o esplendor do verdadeiro *amor*". Com isso se vê também que o substantivo *amor* tem ocorrência superior ao número de itens do próprio documento, que conta com 325 itens, e o termo *amor* aparece 385 vezes. Mas também encontramos o verbo amar (30x) e outros termos como "bem" (95x), "caridade" (31x), "misericórdia/misericordioso(a)" (41x), "paciência/paciente" (33x), "generoso(a)" (31x), "ternura" (27x), "perdão" (15x), "perdoar" (14x), e muitos outros termos ligados ao campo da prática do bem pela *via caritatis*. O grande convite ao longo de toda a *AL* é para se praticar a caridade para com todos, revelando o amor de Deus a todos a partir da compaixão de seu Filho, pois "Jesus Cristo é a porta da misericórdia" (AUGUSTIN, 2016, p. 39).

Tendo presente que a Exortação *Amoris Lætitia* traça todo um caminho a ser trilhando, e de forma incansável, segundo a *via caritatis*, a fim de se chegar à renovação de toda a pastoral no campo da família, debrucemo-nos de forma mais específica sobre a leitura dos números da *AL* 104 e 306, que falam "da incansável prática do bem" por meio da *via caritatis*. A primeira expressão se dá no texto da *AL* 104, no cap. IV: "O Amor no Matrimônio", em seu primeiro item "O nosso amor cotidiano", e no subitem "Sem violência interior", e a segunda ocorrência aparece no texto da *AL* 306, no cap. VIII: "Acompanhar, discernir e integrar a fragilidade", em seu item "As normas e o discernimento", conforme reproduzimos e podemos ler abaixo, realçando o texto bíblico da carta paulina aos Gálatas, que ele traz, entre outros textos: Gl 6,9 (*AL* 104: "não nos cansemos de fazer o bem") e Gl 5,14 (*AL* 306: "percorrer a *via caritatis*"). Vê-se que a *AL* 104 e 306, entre outros textos bíblicos, cita Gl 5,14 (*AL* 306) e Gl 6,9 (*AL* 104), indicando a *via caritatis* como via mestra para a prática incansável do bem, entrando no coração da vocação cristã:

a prática incansável da misericórdia, especialmente com os mais necessitados (AUGUSTIN, 2016, p. 38; GONZAGA, 2014, p. 75-95).

Um dado especial que encontramos na AL 306 é a insistência do Papa Francisco a respeito de que a prática da caridade apaga muitos pecados, seguindo a ideia de 1Pd 4,8: "Acima de tudo, cultivai, com todo ardor, o amor mútuo, porque o amor cobre uma multidão de pecados" (também presente em Tg 5,20, para falar bem daquele que reconduz um pecador à salvação), tomando a ideia veterotestamentária de Pr 10,12: "o amor cobre todas as ofensas" e de Tb 12,9: "a caridade livra da morte e purifica de todo pecado" (contrário do que traz Jr 30,14-15, sobre a punição por causa dos muitos pecados). O Papa tem insistido sobre a necessidade de ir ao encontro daqueles que se encontram em situação de pecado, para entrar na escuridão dos que estão atravessando uma noite escura, pois "ir ao encontro dos marginalizados, ao encontro dos pecadores, não significa permitir que os lobos entrem no rebanho. Significa se esforçar para chegar a todos, testemunhando a misericórdia" (FRANCISCO, 2016b, p. 102). Ademais, quando alguém "começa a sentir saudade de Deus", por mais que se encontre em uma situação de pecado, "tem de encontrar acolhida, não julgamento, preconceito ou condenação. Tem de ser ajudado, não expulso ou marginalizado" (FRANCISCO, 2016b, p. 103). Enfim, isso nos fica mais claro ainda quando lemos os textos da AL 104 e 306, que reproduzimos abaixo, e sobretudo quando fazemos a exegese dos dois textos da carta aos Gálatas (5,14 e 6,9, únicos textos desta carta paulina citados em toda a AL), que o Papa citou nestes dois itens da AL, que falaremos no próximo passo deste texto.

Amoris Lætitia n. 104	*Amoris Lætitia* n. 306
O Evangelho convida a olhar primeiro a trave na própria vista (cf. Mt 7,5), e nós, cristãos, não podemos ignorar o convite constante da Palavra de Deus para não se alimentar a ira: "Não te deixes vencer pelo mal" (Rm 12,21); "não nos cansemos de fazer o bem" (Gl 6,9). Uma coisa é sentir a força da agressividade que irrompe, e outra é consentir nela, deixar que se torne uma atitude permanente: "Se vos irardes, não pequeis; que o sol não se ponha sobre o vosso ressentimento" (Ef 4,26). Por isso, nunca se deve terminar o dia sem fazer as pazes na família. "E como devo fazer as pazes? Ajoelhar-me? Não! Para restabelecer a harmonia familiar basta um pequeno gesto, uma coisa de nada. É suficiente uma carícia, sem palavras. Mas nunca permitais que o dia em família termine sem fazer as pazes" (Francisco, Catequese [13 de maio de 2015]: *L'Osservatore Romano* [edição semanal portuguesa de 14/05/2015], p. 1). A reação interior perante uma moléstia que nos causam os outros, deveria ser, antes de mais nada, abençoar no coração, desejar o bem do outro, pedir a Deus que o liberte e cure. "Respondei com palavras de bênção, pois a isto fostes chamados: a herdar uma bênção" (1Pd 3,9). Se tivermos de lutar contra um mal, façamo-lo; mas sempre digamos "não" à violência interior.	Em toda e qualquer circunstância, perante quem tenha dificuldade em viver plenamente a lei de Deus, deve ressoar o convite a percorrer a *via caritatis*. A caridade fraterna é a primeira lei dos cristãos (cf. Jo 15,12; Gl 5,14). Não esqueçamos a promessa feita na Sagrada Escritura: "Acima de tudo, mantende entre vós uma intensa caridade, porque o amor cobre a multidão de pecados" (1Pd 4,8); "redime o teu pecado pela justiça; e as tuas iniquidades, pela piedade para com os infelizes" (Dn 4,24); "a água apaga o fogo ardente, e a esmola expia o pecado" (Eclo 3,30). O mesmo ensina também Santo Agostinho: "Tal como, em perigo de incêndio, correríamos a buscar água para o apagar [...], o mesmo deveríamos fazer quando nos turvamos porque, da nossa palha, irrompeu a chama do pecado; assim, quando se nos proporciona a ocasião de uma obra cheia de misericórdia, alegremo-nos por ela como se fosse uma fonte que nos é oferecida e da qual podemos tomar a água para extinguir o incêndio" (*De Catechizandis rudibus*, I, 14,22: PL 40,327; cf. EG, n. 193).

3. OS TEXTOS BÍBLICOS DE GL 5,14 (*AL* 306) E GL 6,9 (*AL* 104)

Tomando como base a *Análise Retórica*, podemos dividir a carta aos Gálatas em *3 Seções* e *15 Sequências*, sendo: **A** (1,1–2,21), **B** (3,1–4,31) e **C** (5,1–6,18). Estas *Sequências* podem ser subdivididas em vários *passos* ainda menores, facilitando definir cada uma das *perícopes* presentes, a fim de que possamos melhor trabalhar o todo e cada uma das partes desta belíssima carta paulina, que chamou a atenção de muitos estudiosos antigos e modernos, católicos e protestantes, por tamanha beleza e evidência do pensamento paulino acerca da teologia da justificação. Também aqui usamos um *quadro referencial*, a fim de que possamos entender melhor esta estruturação da carta aos Gálatas a partir da Análise Retórica. Após sua *introdução* (Gl 1,1-5), encontramos suas *3 Seções* e suas *15 Sequências*:

	Introdução da carta: 1,1-5			
3 Seções	A (1,6–2,21)	B (3,1–4,31)	C (5,1–6,18)	
15 Sequências	A1: 1,6-10	B1: 3,1-14	C1: 5,(1)2-12	
(Subdivisões: passos)	A2: 1,11-17	B2: 3,15-25	C2: 5,13-18	
	A3: 1,18-24	B3: 3,26-29	C3: 5,19-26	
	A4: 2,1-10	B4: 4,1-20	C4: 6,1-10	
	A5: 2,11-21	B5: 4,21-31	C5: 6,11-18	

Tendo presente este quadro referencial, podemos ver que os dois textos citados na AL 104 e 306, a saber, Gl 5,14 e Gl 6,9, encontram-se na Seção C e Sequências 2 e 4 (C2: 5,13-18 e C4: 6,1-10), sendo que podemos ainda subdividir Gl 5,13-18 nos vv. 13-15 (liberdade no amor) e 16-18 (liberdade no espírito) e Gl 6,1-10 nos vv. 1-5 (a liberdade na relação com os irmãos) e 6-10 (liberdade e ética cristã. E é aqui que se encontra o nosso texto: um comportamento ético em vista...). Nós iremos nos ater a analisar e comentar apenas os dois versículos de Gálatas citados pelo Papa Francisco nos dois números das AL, que tomamos como objeto material deste nosso ensaio. Aliás, como já acenamos acima, são as únicas duas citações da carta de Paulo aos Gálatas em todo o texto da *AL*.

3.1 O PRIMEIRO TEXTO: GL 5,14

ὁ γὰρ πᾶς νόμος ἐν ἑνὶ λόγῳ πεπλήρωται, ἐν τῷ· ἀγαπήσεις τὸν πλησίον σου ὡς σεαυτόν.

Pois toda a lei em uma palavra é cumprida, nesta: amarás o teu próximo como a ti mesmo.

O texto de Gl 5,14, citado pelo Papa Francisco na *AL* 306, pertence à Seção C (5,1–6,18) e *Sequência* C2: 5,13-15.16-18, da carta aos Gálatas. E mais especificamente ao *passo* que compreende 5,13-15, na qual Paulo levanta todos os argumentos para afirmar que *toda a lei* se cumpre *numa palavra*. Aliás, é a primeira vez que Paulo menciona a lei (ὁ νόμος) em sentido "não hostil" aqui em Gálatas (CORSANI, 1990, p. 342). O único problema de crítica textual que encontramos neste versículo se dá com a expressão ἐν ἑνὶ λόγῳ ("em uma palavra"), que, além de ser a *lectio brevis*, é a *lectio communis* nos melhores Manuscritos que trazem a carta aos Gálatas; é, portanto, a *melhor leitura* e a *originária* para o texto. E esta leitura indica justamente o "objeto do amor" (MILLOS, 2013, p. 513), de um "amor livre e desinteressado" (CORSANI, 1990, p. 342), que leva ao cumprimento da lei (πεπλήρωται): "o amor ao próximo", visto que neste mandamento Paulo identifica a "regra de ouro" para o cumprimento de toda a lei (PITTA, 1996, p. 340; BLIGH, 1972, p. 775), pois, quem vive o "amor recíproco", pratica a lei em plenitude (CORSANI, 1990, p. 341).

A obrigatoriedade da lei judaica, em seus pormenores, não existe para o cristão, mas a prática do mandamento do amor, que é plenitude da lei, esta sim é para todos, sem distinção (BETZ, 1979, p. 275; VANHOYE, 2000, p. 135). Ademais, o amor é "o princípio vital" que supera o princípio legalista e o princípio da liberdade (FERREIRA, 2005, p. 167). Nesse sentido, Paulo indica que "a liberdade cristã é liberdade de amar, profunda e efetiva" (BARBAGLIO, 1991, p. 106), e no serviço aberto ao outro e não centrado em si mesmo. Aliás, não nos esqueçamos de que a carta aos Gálatas tem recebido o título de a "Carta Magna da liberdade Cristã" (cf. BOVER, 1926; BURGOS NÚÑEZ, 2001).

Jesus, quando interrogado sobre qual é o mais importante dos mandamentos, responde que os mandamentos todos podem ser reduzidos a dois: "Amarás a Deus sobre todas as coisas [...] e amarás o teu próximo como a ti mesmo" (Mt 22,34-40; Mc 12,28-31; Lc 10,25-28), olhando para as duas tábuas da lei. Porém, aqui em Gl 5,14, Paulo afirma que toda a lei é cumprida "numa palavra" (ἐν ἑνὶ λόγῳ): "Amarás o teu próximo como a ti mesmo", como que olhando apenas para a segunda tábua da lei. Esta também é a fórmula que encontramos em Rm 13,8-10. Salta a nossos olhos o fato de que Paulo não fale do "amor a Deus", em primeiro lugar, do qual somos devedores, e sim apenas do "amor ao próximo", indistintamente, significando todos os homens, universalmente falando (BETZ, 1979, p. 276). Contudo, isso não significa que o Apóstolo "desejasse excluir o amor de Deus, que para ele é óbvio" (MUSSNER, 1987, p. 563). Aliás, o amor é indivisível em qualquer direção, seja horizontal, seja vertical (PITTA, 1996, p. 341; SCHNEIDER, 1967, p. 136), e o cristão, que já é um crente, e, por isso, já ama a Deus, agora "deve apenas observar o preceito da caridade e terá cumprido toda a lei" (BLIGH, 1972, p. 773). Quem ama um, ama o outro, afirma-nos 1Jo 4,20: "Se alguém disser: amo a Deus, mas odeia o seu irmão, é um mentiroso".

O contexto é aquele da perícope de Gl 5,13-26, de caráter parenético, que coloca a liberdade, à qual Cristo nos libertou (5,1), para poder amar segundo o Espírito, tendo o "amor ao próximo como a ti mesmo" como o paradigma a ser seguido (LÉGASSE, 2000, p. 407), ou como a "mística" do agir cristão (FERREIRA, 2005, p. 167). Nesse sentido, para Paulo o máximo da liberdade cristã é atingido no "amor ao próximo", já que ele afirma que "toda a lei (πᾶς νόμος) é cumprida numa palavra". De tal forma que temos "toda a lei" cumprida "numa palavra", quase criando um contraste; isso significa que "nenhum preceito" da lei está excluído neste cumprimento do "amor ao próximo". Pelo contrário, toda ela está plenificada e realizada no amor (BUSCEMI, 2004, p. 544; LÉGASSE, 2000, p. 405; PITTA, 1996, p. 340).

Enquanto para o *legalista* é necessário *cada preceito* da lei para que ela seja cumprida, para o *cristão* basta o mandamento do "amor ao próximo" para o perfeito cumprimento da lei, "entendida como expressão da vontade de Deus" (MUSSNER, 1987, p. 560), como "ápice e essência da vontade divina expressa através da lei" (CORSANI, 1990, p. 342); amor sem constrangimento e por pura gratuidade e terna generosidade. Este é o caminho que Paulo aponta para se cumprir a vontade de Deus, como serviço aos irmãos, guiado pelo Espírito, pois o amor resume toda a lei, com todos os seus preceitos, indicando-lhe qual é o seu mais alto e positivo valor: o amor (GUTHRIE, 1988, p. 172). Mais ainda, não é a lei que vai cumprir o amor, e sim a vivência do amor que vai dar pleno cumprimento à lei; nesse sentido, Paulo deixa claro que a prática do amor em si produz o cumprimento da lei.

Embora Gl 6,10 afirme: "pratiquemos o bem para com todos, mas sobretudo para com os irmãos na fé", o "amor ao próximo" tem uma óptica mais universal. É nesse sentido que o imperativo "amarás" aparece, por exemplo, na conduta de Jesus na Parábola do Samaritano (Lc 10,25-37), que se faz próximo no momento de necessidade, e não no de escolha pessoal (MILLOS, 2013, p. 514). E a medida, já indicada por Lv 19,18, é a de amar como a si mesmo. Para Paulo, se é possível que o homem natural faça mal a si mesmo, o homem redimido e libertado em Cristo, por sua vez, não pode fazê-lo (BUSCEMI, 2004, p. 546).

Também é interessante observar que, embora Paulo tenha atacado, e bastante, o papel da lei na carta aos Gálatas, ele não tem dúvidas sobre o valor da mesma em toda a tradição judaica, com sua função "pedagógica" (Gl 3,24) em conduzir para Cristo. Mais ainda, ele afirma a soberania do amor como plenitude da lei: "Pois toda a lei em uma palavra é cumprida: *amarás o teu próximo como a ti mesmo*" (5,14). Ao citar aqui o texto de Lv 19,18, Paulo segue o texto grego da *Septuaginta*, que é uma tradução bastante fiel do *Texto Hebraico*; ele não fala de um mandamento (ἐν ἑνὶ νόμῳ = em uma lei), mas sim de "uma *palavra*" para falar do cumprimento de toda a lei: "ὁ γὰρ πᾶς νόμος ἐν ἑνὶ λόγῳ πεπλήρωται/*porque toda a lei em uma palavra é cumprida*". Aliás quem pratica o amor levará a lei a seu pleno cumprimento, o que significa ter conseguido viver muito mais de quanto prescreve a lei, visto que a viveu em seu mais elevado grau (VANHOYE, 2000, p. 135; PITTA, 1996, p. 341). O texto de Lv 19,18 também é citado em Rm 13,9 com a mesma fidelidade ao texto grego da *Septuaginta*.

A citação de Paulo é bastante fiel e direta em seu discurso sobre o pleno cumprimento da lei, tendo como base "o amor ao próximo", que entra como que o *leitmotiv* da ética cristã (SÖDING, 2003, p. 133; POHL, 1999, p. 178). Com isso, Paulo afirma que é basicamente impossível cumprir a lei sem o amor. Mais ainda, o amor é necessário para o pleno cumprimento da lei e a lei deve ser subordinada ao *amor de Deus e do próximo*; disso decorre tudo o que o cristão vai fazer e como vai viver em sua vida. Paulo não revoga a lei em todos os seus aspectos nem isenta ou proíbe os judeus de cumpri-la. Porém, não a admite como *conditio sine qua non* para se obter a salvação, que vem por meio da fé em Cristo Jesus, e não por meio da lei judaica. Também não nos esqueçamos de que um pouco antes o próprio Apóstolo já tinha afirmado: "pois em Cristo Jesus nem a circuncisão nem a incircuncisão pode alguma coisa, mas a fé que atua mediante o amor" (Gl 5,6). Paulo tem consciência e indica que, para Cristo, "o amor ao próximo" é "o pulsar do coração de Deus" (POHL, 1999, p. 178).

3.2 O SEGUNDO TEXTO: GL 6,9

τὸ δὲ καλὸν ποιοῦντες μὴ ἐγκακῶμεν, καιρῷ γὰρ ἰδίῳ θερίσομεν μὴ ἐκλυόμενοι.

E não nos cansemos em fazer o bem, pois no tempo próprio colheremos, se não desistirmos.

O texto de Gl 6,9, citado pelo Papa Francisco na *AL* 104, pertence à Seção C (5,1-6,18) e Sequência C4: 6,1-5.6-10 da carta aos Gálatas. E mais especificamente ao *passo* que compreende Gl 6,6-10, em que Paulo "faz um apelo" (BETZ, 1979, p. 309; CORSANI, 1990, p. 395) e afirma que todo aquele que semear no Espírito colherá o bem que tiver praticado.

O único problema de crítica textual que encontramos neste versículo se dá com o termo ἐγκακῶμεν (subjuntivo presente ativo da 1ª pessoa plural do verbo ἐγκακέω: *cansar-se*), que, porém, encontra maior sustentação nos mais importantes *Manuscritos* que trazem a carta aos Gálatas e igualmente no contexto da frase, em que encontramos uma *exortação* ("E não nos cansemos em fazer o bem") e sua *motivação* ("pois no tempo próprio colheremos, se não desistirmos"), que se correspondem e se completam (CORSANI, 1990, p. 396).

Para Paulo, a prática do bem entra como "princípio geral ético" (BARBAGLIO, 1991, p. 111; CORSANI, 1990, p. 343), não restringindo ou escolhendo os destinatários, mas é e será sempre amplo e aberto a todos: "ninguém é excluído" (VANHOYE, 2000, p. 141; LÉGASSE, 2000, p. 467). Significa fazer "todo bem possível em sentido ético" (MUSSNER, 1987, p. 611), visto que o termo indica o bem a partir de seu "valor em geral" (BUSCEMI, 2004, p. 591). Para tanto, o cristão não pode nem deve esmorecer na prática do bem, nem sequer diante das dificuldades, por maiores que sejam. Pelo contrário, a sua prática do bem deve ser incansável e se alguém rompe o processo da prática do bem essa fica comprometida e, com ela, o Reino, visto que o projeto de Deus vai acontecendo com a prática incansável do bem, de cada um e de todos (FERREIRA, 2005, p. 185).

Paulo não tem dúvidas de que o cristão, ao fazer o bem, diante dos desafios, pode facilmente desanimar e querer desistir, visto que as dificuldades e adversidades às vezes parecem ser maiores que nossas forças. O texto parece nos indicar que Paulo tinha consciência de que os cristãos da Galácia estavam fazendo o bem, mas ele tinha medo que esmorecessem. O problema era o perigo de abandonar o bem que se estava fazendo, pois muitos são os que começam e poucos os que perseveram. Então "o problema principal é o entusiasmo" (BETZ, 1979, p. 309). O Apóstolo insiste em que a vida cristã é uma corrida sem tréguas, "que não permite descanso" nem esmorecimento, pois "a colheita é infatigável" (SCHNEIDER, 1967, p. 158). O que perseverar até o fim será salvo (Mt 10,22) e o que for fiel até o fim receberá a coroa da vida (Ap 2,20; cf. Tg 1,12). Nesse sentido, a advertência nos é salutar: "que não nos cansemos em fazer o bem [...] nem desistamos da colheita" (cf. Gl 6,9).

A colheita virá a seu tempo e fica por conta de Deus (FERREIRA, 2005, p. 185). Mas a colheita vem se o cristão não desiste, se ele "não se dá por vencido" (MILLOS, 2013, p. 573). A metáfora agrícola da semeadura ajuda o Apóstolo a falar da prática incansável do bem: "E não nos cansemos em fazer o bem" ("τὸ δὲ καλὸν ποιοῦντες μὴ ἐγκακῶμεν"). Aliás, "fazer o bem" (τὸ καλὸν ποιεῖν) é o grande desafio para todos nós, e não apenas esporadicamente, mas de forma incansável e duradoura. Por isso Paulo tenta encorajar os gálatas para que nunca desanimem na prática do bem (VANHOYE, 2000, p. 141), pois "fazer o bem" custa sempre muito empenho e muita fadiga (PITTA, 1996, p. 387). Para ele, o sucesso disso implica seguir os frutos do Espírito, como é colocado em Gl 5,22-23.24-26.

Paulo tem consciência de que gostaríamos que os bons resultados da semeadura fossem obtidos numa boa colheita, de imediato e não depois. Mas o Apóstolo nos aponta que ela não é agora, mas sim no *tempo próprio* (καιρῷ ἰδίῳ, um *dativo de tempo*), conforme também encontramos em Mt 13,30 para falar do "tempo da colheita" (ἐν καιρῷ τοῦ θερισμου), o qual será o tempo oportuno e não antes de seu tempo. Para tanto, é necessário não desistir durante a fadiga do plantio, causada pela dureza do trabalho da semeadura. Para falar desta fadiga, Paulo usa ἐκλυόμενοι, que é um particípio presente passivo nominativo masculino, da 1ª pessoa do plural do verbo ἐκλύω, que contém em si a ideia de fadiga ou cansaço, ou ainda de "perder o ânimo", indicando a ideia de "recolher sem perder o ânimo" (VANHOYE, 2000, p. 141; BLIGH, 1972, p. 853). Para o sentido de ἐκλυόμενοι ("desistirmos/desfalecermos"), podemos conferir ainda o uso do verbo ἐκλύω no texto de Mc 8,3, que traz a forma ἐκλυθήσονται ("desfalecerão/desistirão"), indicativo futuro passivo da 3ª pessoa do plural do verbo ἐκλύω, que ali vem traduzido como "*desfalecer* pelo caminho", ou ainda em Mt 15,32, com a forma ἐκλυθῶσιν ("desistam/desfaleçam"), um subjuntivo aoristo passivo da 3ª pessoa do plural também do verbo ἐκλύω, que no contexto vem igualmente traduzido como "*desfalecer* pelo caminho"; este verbo tem a sua base em ἐκ-λύομαι, indicando quase sempre a ideia de fadiga ou cansaço, mas que também tem "uma conotação ética" em relação a "não comportar-se mal em nada" (BUSCEMI, 2004, p. 591), visto que em sua raiz indica o "comportar-se mal" (PITTA, 1996, p. 387) ou "tratar mal" (CORSANI, 1990, p. 396). Em todo caso, o contexto nos mostra que não se trata de um "cansaço no sentido físico, e sim espiritual" (CORSANI, 1990, p. 396).

Diante da imagem da colheita, sob um sol escaldante, é muito comum as pessoas esmorecerem. Mas, se isso acontece, significa que a colheita não virá no tempo oportuno, pois aqueles que caem no desânimo e se enfraquecem não cumprirão o propósito para o qual foram escalados (GUTHRIE, 1988, p. 190) e muito menos alcançarão o bem futuro, escatologicamente falando (MUSSNER, 1987, p. 611; PITTA, 1996, p. 387; CORSANI, 1990, p. 396). Paulo sabe que a debilidade ou o cansaço diante dos desafios e obstáculos da vida é algo plenamente humano. O Apóstolo tem consciência de que o cansaço físico pode transformar-se em falta de coragem interior e essa pode levar ao abandono da luta na prática do bem (PITTA, 1996, p. 388). Por isso mesmo que ele exorta a não se deixar abater pelo cansaço e muito menos a abandonar a prática do bem (MILLOS, 2013, p. 573). O convite de Paulo é para que o cristão não se deixe abater diante dos desafios, antes, enfrente-os com uma "luta incansável" (MUSSNER, 1987, p. 612), que não olhe apenas o *cronos*, mas igualmente o *kairos*, e assim persevere sempre (PITTA, 1996, p. 388).

Também é notável o fato de que, aqui em Gl 6,9, Paulo use a 1ª pessoa plural ("não nos cansemos em fazer o bem"), incluindo a si mesmo (LÉGASSE, 2000, p. 465), "porque sabe que não está imune ao desencorajamento" (GUTHRIE, 1988, p. 190). O que está em jogo é estragar tudo por causa do desânimo pessoal, que é uma coisa muito sutil, que pode acontecer a qualquer instante e a qualquer pessoa. Por isso, é necessário a vigilância sobre si mesmo e em relação aos demais, num processo de ajuda mútua em vista do bem comum. Cansar-se ou perder o ânimo enquanto se está fazendo o bem é algo que pode colocar tudo em risco ou a perder realmente. Nesse sentido, "ser incansável é a virtude essencial" para não permitir que tudo termine mal (POHL, 1999, p. 199). Ser persistente e nunca desistir "em fazer o bem" é fundamental para construir um futuro positivo e promissor para todos (BARBAGLIO, 1991, p. 111).

A colheita virá a seu tempo oportuno, de forma diferente na vida e no agir de cada um, e não de maneira uniforme para todos, como nos indicam os Evangelhos de Mt 13,8.34 e de Mc 4,8.20: "uma trinta, outra sessenta e outra cem". E o Sl 126,5-6 nos fala que o trabalhador, quando vai semeando, vai chorando, mas, quando volta com os frutos de seu trabalho, volta sorrindo. Precisamos ler frequentemente estes textos bíblicos e manter em alta o ânimo e o vigor na prática incansável do bem a partir da *via caritatis*, especialmente neste campo tão desafiador que é o da pastoral no tocante à realidade hodierna da família, *intra et extra Ecclesiae*, alimentando em nós e vivendo a partir "de uma espiritualidade da misericórdia" (AUGUSTIN, 2016, p. 53), capaz de nos transformar e nos levar a agir de forma mais caridosa e com o coração aberto diante de tantas dores que os filhos e filhas de Deus têm enfrentado cotidianamente nos dias atuais (MONGE, 2016, p. 183-185).

CONSIDERAÇÕES FINAIS

Ao concluirmos nossa reflexão sobre *AL* 104 e 306, bem como nossa análise exegética dos dois textos de Gálatas ali citados (Gl 5,14 e 6,9), podemos ver que, ao nos pedir que pratiquemos incansavelmente o bem e que tenhamos a *via caritatis* como *fio condutor* de nosso agir pastoral, o Papa Francisco nos indica a *via mestra* para o trabalho junto à realidade da família no mundo hoje, pois a Pastoral Familiar só vai conseguir ajudar as famílias se ela existir e atuar a partir do horizonte da misericórdia (MONGE, 2016, p. 185-189), trabalhando e ajudando cada pessoa a viver a sua vocação ao amor e curando as feridas e machucados acumulados ao longo do caminho já percorrido, completando o restante de forma mais serena e misericordiosa (MONGE, 2016, p. 179).

A *Gaudium et Spes*, em seu número 52, já havia assinalado que "a família é em certo sentido uma escola de enriquecimento humano". Isso nos mostra o valor da família, sobretudo como escola de práticas dos valores evangélicos, entre os quais a *via caritatis* como incansável prática do bem. E se a família ocupou o centro da pastoral da Igreja neste período do Sínodo da Família, é preciso que saibamos acolher os sinais dos tempos e direcionar a nossa pastoral para ela, a partir de uma prática incansável do bem, por meio da *via caritatis* que Francisco nos indica na Exortação *Amoris Lætitia*. Tenhamos sempre presente que é na família "que experimentamos pela primeira vez a misericórdia de Deus e nela aprendemos a ser misericordiosos" (CRESPO HIDALGO, 2015, p. 183).

Tendo presente que a relação entre a família e a Igreja é uma relação visceral, que vem do amor das entranhas, pois a família é o berço da Igreja e Igreja doméstica, é preciso que tenhamos uma pastoral que apresente não apenas uma *medicina curativa* para as crises pelas quais está passando a família, mas sobretudo que a Igreja desenvolva uma pastoral que ofereça uma *medicina preventiva*. Especialmente porque a família, com a vasta riqueza de seus valores, apesar de todas as crises, é sempre uma boa notícia para a Igreja e para o mundo. A caridade conjugal e familiar se torna o centro da espiritualidade da família para a construção do bem do mundo, de forma incansável, pautando-se pela *via caritatis*, como nos indica o Papa Francisco.

Diante dos desafios e de tantas famílias feridas, é preciso que a Igreja seja capaz de "primeirear", como nos pede Francisco na *EG* 24, pois "o Senhor sempre *primeirea*" (FRANCISCO, 2014, p. 23). Ela deve sair de si mesma e ir ao encontro de quem mais precisa dela, justamente por estar machucado e precisando do *óleo da misericórdia*, que Deus tem para lhe oferecer gratuitamente, pois faz parte da sua essência o agir com misericórdia: "seu nome é misericórdia" (KASPER, 2015a, p. 68; AUGUSTIN, 2016, p. 38). A Igreja não pode ter medo dos desafios no campo da família, pois "*recomeçar de Cristo* significa *não ter medo de ir com ele para as periferias*" (FRANCISCO, 2014, p. 22). E entre as periferias que Francisco nos indica, encontram-se todas as realidades existenciais por mais desafiadoras que possam parecer.

O grande desafio é praticar o bem de forma incansável, praticar sempre a caridade e não condenar ou marginalizar alguém. Pelo contrário, o Papa convida a "reintegrar" (SISTACH, 2017, p. 42). Como nos recorda Francisco, Jesus Cristo, no encontro com a pecadora, o único puro e que poderia atirar a pedra, não o fez. Pelo contrário, Jesus derramou o seu amor sobre todos, indistintamente (FRANCISCO, 2016b, p. 22), pois o seu é "o caminho da misericórdia e da integração", e nunca da condenação, porque "a caridade é imerecida, incondicional e gratuita" (*AL* 297; SISTACH, 2017, p. 42). Aliás, a *AL* 299 propõe "a lógica da integração como chave para o acompanhamento pastoral", baseado na *via caritatis* e na prática incansável do bem, em vista da superação de muitas dificuldades, sempre "na busca sincera da vontade de Deus" (*AL* 300), feito a partir de um caminho gradual e paulatino, "responsável e discreto" (*AL* 300).

O Papa nos convida para que sejamos uma "Igreja em saída" (*EG* 20-24), sempre disposta a ser "uma estrutura móvel, de primeiros socorros" daqueles que estão feridos (FRANCISCO, 2016b, p. 22), especialmente das famílias muito machucadas pelas diversas realidades e sofrimentos, na tentativa de acertar o caminho do Senhor, confiando no Cristo "manso e humilde de coração" (Mt 11,28-30).

Enfim, acolhamos a fala de Francisco, que afirma: "Da acolhida ao marginalizado que está ferido no corpo e da acolhida ao pecador que está ferido na alma, depende a nossa credibilidade como cristãos. Recordemos sempre as palavras de São João da Cruz: 'No entardecer da vida, seremos julgados sobre o amor'" (FRANCISCO, 2016b, p. 138).

REFERÊNCIAS BIBLIOGRÁFICAS

AUGUSTIN, G. La Misericordia, redescubrimiento de la vocación cristiana. In: AUGUSTIN, G. (Ed.). *El evangelio de la misericordia*. Burgos: SalTerrae, 2016. p. 37-54.

BARBAGLIO, G. Gálatas. In: *As Cartas de Paulo*. São Paulo: Loyola, 1991. v. II, p. 9-114.

BETZ, H. D. *Galatians: a commentary on Paul's Letter to the Churches in Galatia*. Hermeneia, Philadelphia: Tortress Press, 1979.

BÍBLIA DE JERUSALÉM. São Paulo: Paulus, 2012.

BLIGH, J. *La Lettera ai Galati. Una discussione su un'epistola di S. Paolo*. Roma: Paoline, 1972.

BOVER, J. M. La epístola a los Gálatas "Carta Magna de la libertad cristiana". *EstE* 5 (1926), p. 44-59, 183-194, 297-310, 362-372.

BURGOS NÚÑEZ, M. de. La Carta a los Gálatas, "Manifiesto del Cristianismo Paulino", *Com* 34 (2001), p. 201-228.

BUSCEMI, A. M. *Lettera ai Galati, Commentario esegetico*, SBFAn. 63. Jerusalem: Frasciscan Printing Press, 2004.

CORSANI, B. *Lettera ai Galati*. Genova: Marietti, 1990.

CRESPO HIDALGO, A. *La entrañable misericordia de nuestro Dios*. Madrid: San Pablo, 2015.

FERREIRA, J. A. *Gálatas*: a epístola da abertura de fronteiras. São Paulo: Loyola, 2005.

FRANCISCO. *Exortação Apostólica* Evangelii Gaudium. São Paulo: Paulinas, 2013.

FRANCISCO. *A Igreja da Misericórdia*: minha visão para a Igreja. São Paulo: Paralela, 2014.

FRANCISCO. *Exortação Apostólica* Amoris Lætitia: sobre o amor na família. São Paulo: Paulinas, 2016a.

FRANCISCO. *O nome de Deus é Misericórdia*. São Paulo: Planeta, 2016b.

GONZAGA, W. O amor de Deus e do próximo na *Gaudium et Spes* 16 e 24. In: FERNANDES, L. A. (Org.). *Gaudium et Spes em questão*: reflexões bíblicas, teológicas e pastorais. São Paulo: Paulinas, 2016b. p. 15-39.

GONZAGA, W. Os pobres como "critério-chave de autenticidade" eclesial (EG 195). In: AMADO, J. P.; FERNANDES, L. A. (Org.). *Evangelii Gaudium em questão*. São Paulo: Paulinas; Rio de Janeiro: EdiPUC, 2014. p. 75-95.

GONZAGA, W. Um Cristo compassivo e misericordioso (Lc 15,11-32). In: FERNANDES, L. A. (Org.). *Traços da misericórdia de Deus segundo Lucas*. Santo André: Academia Cristã; Rio de Janeiro: PUC-Rio, 2016a. p. 92-112.

GUTHRIE, D. *Gálatas, introdução e comentário*. Cidade Dutra: Vida Nova, 1988.

KASPER, W. *A misericórdia*. São Paulo: Loyola, 2015a.

KASPER, W. *El Papa Francisco*: revolución de la ternura y el amor. Burgos: SalTerrae, 2015b.

LÉGASSE, S. *L'Épître de Paul aux Galates*. Paris: CERF, 2000.

MILLOS, S. P. *Gálatas*. Villadecavalls: CLIE, 2013.

MONGE, M. S. *Este es el tempo de la misericordia*. Burgos: SalTerrae, 2016.

MUSSNER, F. *La Lettera ai Galati*. Brescia: Paideia, 1987.

NESTLE-ALAND. *Novum Testamentum Graece*. Ed. 28. Stuttgart: Deutsche Bibelgesellschaft, 2012.

PITTA, A. *Lettera ai Galati*. Bologna: EDB, 1996.

POHL, A. *Carta aos Gálatas*: comentário esperança. Curitiba: Esperança, 1999.

ROMANIUK, K. *Il Grembo di Dio*: La misericordia nella Biblia. Milano: Ancora, 2015.

SCHNEIDER, G. *A epístola aos Gálatas*. Petrópolis: Vozes, 1967.

SISTACH, L.M. *Como aplicar a* Amoris Lætitia. São Paulo: Paulinas, 2017.

SÖDING, T. *A tríade fé, esperança e amor em Paulo*. São Paulo: Loyola, 2003. Col. Bíblica 34.

VANHOYE, A. *Lettera ai Galati*: nuova versione, introduzione e commento. Torino: Paoline, 2000.

VIER, F. (Ed.). *Compêndio do Vaticano II*. Petrópolis: Vozes, 1986.

AMORIS LAETITIA EM QUESTÃO

PARTE SISTEMÁTICO-PASTORAL

DIANTE DO ENSINAMENTO DA EXORTAÇÃO APOSTÓLICA *AMORIS LAETITIA*: MAGISTÉRIO A SER ACOLHIDO E POSTO EM PRÁTICA*

Salvador Pié-Ninot

A fase da recepção eclesial da Exortação Apostólica do Papa Francisco, *Amoris Lætitia* (19 de março de 2016), que recolhe as reflexões dos sínodos dos bispos sobre a família de 2014 e 2015, fez surgir questões sobre o tipo de magistério que este documento representa. Para defini-lo de modo teologicamente correto, serve de guia a Instrução da Congregação para a Doutrina da Fé, intitulada: "Sobre a vocação eclesial do teólogo" (*SVET*) e assinada em 1990 pelo então prefeito cardeal Joseph Ratzinger, que aponta e comenta as diversas formas do magistério da Igreja presentes na nova fórmula da "Profissão de fé". Estas formas são três: a) O magistério infalível; b) O magistério definitivo; e c) O magistério ordinário não definitivo. Este último é o que se deve aplicar à *Amoris Lætitia* (AL), bem como para a maior parte dos textos atuais do magistério da Igreja.

O magistério ordinário não definitivo, segundo a Instrução, tem como objetivo específico propor "um ensinamento que conduz a uma melhor compreensão da Revelação em matéria de fé e de costumes, e das diretrizes morais que derivam deste ensino", [pois], "ainda que não sejam garantidos pelo carisma da infalibilidade, não estão desprovidos da assistência divina, e exigem a adesão dos fiéis" (*SVET*, n. 17), adesão definida como "um religioso obséquio da vontade e da inteligência" (*SVET*, n. 23). Por isso se afirma que "a vontade de obséquio leal a este ensinamento do magistério em matéria que em si não é irreformável, mas deve ser a regra". Por esta razão, tal forma de magistério é descrita pela Instrução como "de ordem prudencial", já que comporta "juízos prudenciais", mesmo que seja cuidadosamente especificado que

---

* Versão a partir do artigo publicado no *L'Osservatore Romano* (24 de agosto de 2016).

tal qualificação não significa que "não goza de assistência divina no exercício integral da sua missão" (*SVET*, n. 24).

Deve-se notar, além disso, que o magistério ordinário não definitivo, também como as outras duas formas de magistério, o infalível e o definitivo, são a expressão do único magistério vivo da Igreja, que o Concílio Vaticano II descreveu, precisamente, como o "múnus [...] para interpretar autenticamente a Palavra de Deus, [confiada à Igreja que a exerce], em nome de Jesus Cristo", porque o "magistério, porém, não é superior à Palavra de Deus, mas a serve [...] com assistência do Espírito Santo" (*DV*, n. 10). Nesse sentido, o Concílio Vaticano II possui um texto específico que pode ser claramente aplicado a *AL*:

> Este assentimento religioso da vontade e da inteligência deve, de modo particular, prestar-se ao magistério autêntico do Romano Pontífice, ainda que não fale *ex-catedra*, de forma que se reconheça com reverência o seu magistério supremo e se adira sinceramente à doutrina que o Papa apresenta, como transparece principalmente quer da natureza dos documentos, quer da frequência em propor a mesma doutrina, quer da própria maneira de falar (*LG*, n. 25).

Portanto, é no contexto do entendimento do magistério ordinário não definitivo que se deve compreender o que o próprio Papa Francisco afirma no início de *AL* sobre o âmbito desta Exortação Apostólica: "a complexidade dos temas tratados mostrou-nos a necessidade de continuar a aprofundar, com liberdade, algumas questões doutrinais, morais, espirituais e pastorais" (*AL*, n. 2). E prossegue:

> Naturalmente, na Igreja, é necessária uma unidade de doutrina e práxis, mas isto não impede que existam maneiras diferentes de interpretar alguns aspectos da doutrina ou algumas consequências que decorrem dela. Assim há de acontecer até que o Espírito nos conduza à verdade completa (cf. Jo 16,13), isto é, quando nos introduzir perfeitamente no mistério de Cristo e pudermos ver tudo com o seu olhar (*AL*, n. 3).

Como se pode observar, nessas palavras do Papa Francisco ressoam as características que a Instrução da Congregação para a Doutrina da Fé atribui ao magistério ordinário não definitivo, qual ensinamento "de ordem prudencial" e com "juízos prudenciais" que, além disso, "gozam da assistência divina e do leal obséquio" (*SVET*, n. 24).

Nesse âmbito, compreende-se, ainda mais, que o Papa Francisco observe também que: "A reflexão dos pastores e teólogos, se for fiel à Igreja, honesta, realista e criativa, ajudar-nos-á a alcançar uma maior clareza" (*AL*, n. 2). Essa fidelidade à Igreja é amplamente expressa nos três princípios apresentados pelo Papa Francisco, sobretudo para enfrentar as situações ditas "irregulares", que retoma da Tradição viva da Igreja, exemplificada a partir das numerosas referências ao Concílio Vaticano II, bem como de catorze citações do teólogo mais importante da Igreja: São Tomás de Aquino.

O primeiro princípio é a lei da gradualidade: trata-se de um princípio proposto em continuidade com o magistério de São João Paulo II, quando afirma que cada ser humano "avança gradualmente com a progressiva integração dos dons de Deus e das exigências do seu amor definitivo e absoluto em toda a vida pessoal e social" (*FC*, n. 9), visto que o ser humano "conhece, ama e cumpre o bem moral segundo etapas de crescimento" (*FC*, n. 34). Por isso, na *AL* se especifica que: "Não é uma 'gradualidade da lei', mas uma gradualidade no exercício prudencial dos atos livres em sujeitos que não estão em condições de compreender, apreciar ou praticar plenamente as exigências objetivas da lei" (*AL*, n. 295).[1] No final, com um toque de profundo realismo e de convite à esperança cristã, o Papa Francisco afirma: "relativizar o percurso histórico que estamos a fazer como família, para deixar de pretender das relações interpessoais uma perfeição, uma pureza de intenções e uma coerência que só poderemos encontrar no Reino definitivo" (*AL*, n. 325).

O segundo princípio parte da consciência. O Papa Francisco se refere à consciência em vinte e nove ocasiões e lembra como o Concílio Vaticano II a havia definido "o núcleo mais secreto [...] do homem" (*GS*, n. 16, citado em *AL*, n. 222). Por sua vez, afirma com clareza: "Somos chamados a formar as consciências, não a pretender substituí-las" (*AL*, n. 37). De fato:

> A partir do reconhecimento do peso dos condicionamentos concretos, podemos acrescentar que a consciência das pessoas deve ser mais bem incorporada na práxis da Igreja em algumas situações que não realizam objetivamente a nossa concepção do matrimônio. É claro que devemos incentivar o amadurecimento de uma consciência esclarecida, formada e acompanhada [...] no meio da complexidade concreta dos limites, embora não seja ainda plenamente o ideal objetivo (*AL*, n. 303).

O terceiro princípio é o da necessidade de discernimento, citado trinta e cinco vezes, fazendo claramente eco a Inácio de Loyola e confirmado por duas citações precisas de Tomás de Aquino (*AL*, n. 304). O princípio que se propõe é o seguinte:

---

[1] Na aproximação ao "exercício prudencial", a exortação recorda a instrução *Donum veritatis* (n. 24), que, ao falar das intervenções do magistério ordinário não definitivo, diz que são "de ordem prudencial" e que implicam "juízos prudenciais".

Se se tiver em conta a variedade inumerável de situações concretas [...] é compreensível que se não devia esperar do Sínodo ou desta Exortação uma nova normativa geral de tipo canônico, aplicável a todos os casos [...]. Os sacerdotes têm o dever de "acompanhar as pessoas interessadas pelo caminho do discernimento segundo a doutrina da Igreja e as orientações do bispo" [...]. Trata-se de um itinerário de acompanhamento e discernimento que "orienta estes fiéis na tomada de consciência da sua situação diante de Deus. O diálogo com o sacerdote, no foro interno, concorre para a formação de um juízo correto sobre aquilo que dificulta a possibilidade de uma participação mais plena na vida da Igreja e sobre os passos que a podem favorecer e fazer crescer" [...] este discernimento não poderá jamais prescindir das exigências evangélicas de verdade e caridade propostas pela Igreja (*AL*, n. 300).

Esta tarefa de discernimento[2] também é confiada a "leigos que vivem dedicados ao Senhor" (*AL*, n. 312), quer dizer: leigos e leigas que vivem uma experiência espiritual cristã madura.

É neste contexto que se encontram as palavras mais significativas sobre a possibilidade de pessoas divorciadas recasadas receberem a comunhão. De fato:

> Por causa dos condicionamentos ou dos fatores atenuantes, é possível que uma pessoa, no meio de uma situação objetiva de pecado – mas que não seja subjetivamente culpável ou não o seja plenamente –, possa viver em graça de Deus, possa amar e possa também crescer na vida de graça e de caridade, recebendo para isso a ajuda da Igreja (*AL*, n. 305).

Este texto é completado com uma nota: "Em certos casos, poderia haver também a ajuda dos sacramentos", como o sacramento do "lugar da misericórdia": a Penitência, como também a Eucaristia, tendo presente que "não é um prêmio para os perfeitos, mas um remédio generoso e um alimento para os fracos" (nota n. 351, referente a *EG*, nn. 44.47).

Em síntese, pode-se afirmar, então, o valor magisterial de *AL* como magistério ordinário, que, embora não seja definitivo, é em qualquer caso "interpretação autêntica da Palavra de Deus" (*DV*, n. 10), enquanto ensinamento de "ordem prudencial" do Sucessor de Pedro na Igreja, o Papa, que "goza da assistência divina" (*SVET*, n. 24; *AL*, nn. 2, 3, 295), e, por isso, deve ser acolhido religiosamente e com espírito leal e cordial

---

[2] Será precisamente este tipo de discernimento pastoral, que visa a "discernir a vontade de Deus" (Rm 12,2), a evitar o sério risco de mensagens erradas, como a ideia de que um padre pode conceder rapidamente "exceções", ou que há pessoas que podem obter privilégios sacramentais em troca de favores (cf. *AL*, n. 300).

(cf. *LG*, n. 25). Esta é a atitude fundamental de acolhimento sincero e de atuação prática que este tipo de magistério – e, neste caso, *AL* – comporta a todos os membros da nossa Igreja.[3]

Isto inclui também observar os critérios propostos para responder às questões que, hoje, se põem à família, tendo fortemente presente que "compreender as situações excepcionais não implica jamais esconder a luz do ideal mais pleno, nem propor menos de quanto Jesus oferece ao ser humano" (*AL*, n. 307), dado que "a família é realmente uma boa notícia" (*AL*, n. 1). Não se pode negar que, como o próprio Papa Francisco diz, a exortação apostólica se oferece como uma reflexão "fiel à Igreja, honesta, realista e criativa, [que] nos ajudará a alcançar uma maior clareza" (*AL*, n. 2).

---

[3] Sobre o "dissenso", afirmamos (*L'Osservatore Romano*, 16-17 de março de 2017): "Deve--se ter em mente que, para a fé católica, a comparação entre o magistério, neste caso papal, é uma interpretação teológica que dissente, não é um mero conflito entre duas opiniões, porque o magistério do Papa não é uma opinião teológica a mais, mas nasce de um testemunho de fé como "interpretação autorizada da Palavra de Deus" (*DV*, n. 10) por aquele que, como sucessor de Pedro, tem o primaz ministério para "confirmar os seus irmãos na fé" (cf. Lc 22,32; *Dei filius*, *LG*, n. 25).

A ALEGRIA DO AMOR E A MAIORIDADE CRISTÃ

Mario de França Miranda

INTRODUÇÃO

Certos gestos inabituais para um papa e certos pronunciamentos inéditos, embora profundamente evangélicos, não deixaram de causar reações diferentes em nossos contemporâneos, seja despertando aprovação e entusiasmo, seja provocando crítica e rejeição. Para um bom conhecedor da história da Igreja, tal fato não deve surpreender. Inserida na história a instituição eclesial deve acompanhar as inevitáveis evoluções da mesma, seja para poder responder aos novos desafios, seja para fazer uso das novas chaves de leitura presentes na sociedade, seja enfim para desenvolver e enriquecer o patrimônio recebido da tradição. Desse modo, "sob a assistência do Espírito Santo, cresce, com efeito, a compreensão tanto das coisas como das palavras transmitidas", tendendo a Igreja "continuamente para a plenitude da verdade divina" (*DV*, n. 8). Entretanto, o que se apresenta como "novo" (embora frequentemente apenas signifique recuperação de elementos esquecidos da tradição, como se deu em parte no Concílio Vaticano II) sempre traz certo desconforto por questionar nossos esquemas mentais, mudar nosso imaginário religioso, desinstalar-nos de nossas práticas tradicionais.

A Exortação Apostólica *A Alegria do Amor*, embora resultante de um Sínodo Episcopal, a saber, expressão final de uma rica contribuição de seus participantes, e embora represente um dos mais completos textos do magistério eclesiástico sobre a família, acabou por desencadear todo um debate na Igreja ao propor uma saída pastoral para a grave situação de católicos recasados. Infelizmente a celeuma que se seguiu relegou ao silêncio a amplitude e a profundidade dos demais temas presentes na Exortação, como a visão cristã da família, o papel central do amor na vida matrimonial, sua fecundidade na geração dos filhos, a importância de sua educação, sem omitir as atuais dificuldades postas hoje às famílias, bem como as devidas orientações pastorais que se impõem.

Naturalmente não podemos tratar de todos estes temas. Escolhemos, portanto, um dos pontos que subjazem à polêmica em curso, ponto este com enormes consequências para o futuro da missão da Igreja. A temática de fundo pode ser formulada como a tensão entre *a instituição e o indivíduo*, ou ainda entre *a norma e a consciência*. Já presente nos textos neotestamentários que versam sobre a lei mosaica e a liberdade cristã, ou no decorrer da história do cristianismo sobre o institucional e o carismático, história esta que nem sempre soube guardar a correta relação entre o Cristo-verdade e o Espírito-vida, ao enfatizar mais o normativo em detrimento do pessoal, e cujo desequilíbrio é ainda sentido em nossos dias.

Num passado, que se prolongou por séculos, a Igreja foi identificada com a hierarquia, a qual detinha o monopólio do Espírito Santo. Consequentemente restava ao laicato obedecer e seguir às normas impostas de cima, constituindo-se assim numa massa passiva no interior da Igreja. Entretanto, a crise das instituições, a emergência da subjetividade, a consciência da participação ativa de todos na vida social não deixaram de refluir para dentro da própria comunidade eclesial. A resposta foi dada pelo Concílio Vaticano II, atribuindo ao laicato um papel ativo na ação missionária da Igreja, bem como pelo Documento de Aparecida, resposta esta sintetizada na conhecida expressão de "discípulo missionário". Contudo, esta conquista mais recente ainda se revela insuficiente por limitar a participação dos leigos nos Sínodos Diocesanos ou nos Conselhos Pastorais Paroquiais, já que lhes concede apenas um voto consultivo.

Sem dúvida herdamos uma configuração eclesial tão fortemente hierarquizada que, apesar da teologia conciliar do Povo de Deus e da Igreja-Comunhão, ainda falta da parte de seus responsáveis a capacidade de escutar e dialogar, apelando muitas vezes para o poder sagrado que lhes confere a ordenação. Naturalmente é todo um trabalho na área de formação do clero a ser iniciado nos próprios seminários para que sejam formados pastores que saibam de fato trabalhar com o laicato, e não novos membros de uma casta clerical.

Nossa reflexão irá se concentrar em três temas fundamentais para melhor podermos esclarecer a questão que nos ocupa. Primeiramente examinaremos a dimensão institucional da fé cristã: sua necessidade, sua finalidade e sua historicidade. Em seguida abordaremos a dimensão pessoal da fé cristã: a ação do Espírito em cada cristão, a imediatidade com Deus implicada na opção de fé, a importância da consciência individual e consequentemente a liberdade inerente à própria fé. Concluiremos nosso estudo enfatizando a importância decisiva que nesta questão desempenha a imagem que temos de Deus. Naturalmente ao longo deste estudo tínhamos sempre diante dos olhos a disputa que hoje presenciamos sobre o acesso dos recasados à Eucaristia. Portanto, nada mais pretendemos a não ser oferecer uma pequena colaboração ao atual debate, sem nos adentrarmos propriamente no aspecto canônico ou moral da questão.

1. O INSTITUCIONAL NA IGREJA

Deixemos bem claro, logo de início, que a instituição como tal é inerente à própria condição humana. De fato é o próprio homem quem cria padrões de comportamento e estruturas sociais com a finalidade de possibilitar uma convivência pacífica com seus semelhantes. Não reage apenas instintivamente como os animais por estar dotado de inteligência e liberdade. Assim, qualquer grupo humano para viver e sobreviver cria sua própria cultura. Também a comunidade dos fiéis, para constituir e manter sua identidade cristã própria, *necessita* de doutrinas, normas, celebrações cultuais, organizações sociais, práticas características. Já os primeiros cristãos tiveram de esclarecer o conteúdo do querigma, organizar a comunidade e iniciar celebrações sacramentais para manter vivo o movimento de Jesus Cristo. Como alguém não pode se desenvolver como ser humano a não ser no interior de uma cultura, assim também alguém só é cristão se encontra no contexto eclesial de fé a verdade salvífica revelada e a orientação de vida correspondente para alcançar a salvação. Como afirmava Santo Tomás: a fé enquanto ato pessoal de entrega a Deus necessita de sinais que a identifiquem: expressões doutrinais, sacramentais ou cúlticas. Nesse sentido, não podemos opor o carisma à instituição, pois ambos se necessitam mutuamente.

Entretanto, a instituição no cristianismo não deve perder de vista sua *finalidade salvífica*, a saber, nasce do próprio carisma e deve toda ela estar remetida ao mesmo carisma. É lugar de passagem, não de chegada; é mediação, não fim. A tentação de nos contentarmos com o institucional é muito grande, porque é mais fácil lidarmos com ele do que com a ação do Espírito Santo. Daí a tendência de reduzir a vivência da fé cristã a algumas práticas que nos tranquilizam a consciência, caindo num positivismo religioso e reduzindo a experiência mística da fé.

Embora tenha origem divina, as instituições cristãs são expressões e concretizações humanas e, portanto, necessariamente *históricas*. Sendo assim, refletem as características e as limitações da época e do contexto que as viu nascer, sem falar do influxo do pecado no conhecer e no agir humanos. Consequentemente, certas normas podem se tornar obsoletas em outros contextos, degenerar-se quando mal compreendidas ou mesmo se verem erradamente absolutizadas por gerações posteriores. Igualmente pronunciamentos do magistério eclesiástico podem experimentar e de fato experimentaram evoluções, como demonstram os juízos passados sobre a democracia, os direitos humanos ou a liberdade religiosa.

2. A AÇÃO DO ESPÍRITO SANTO NA IGREJA

A fé do cristão resulta de uma opção livre possibilitada pelo Espírito Santo, como nos ensina São Paulo (cf. 1Cor 12,3), que age no fiel ao escutar a Palavra de Deus (cf. Rm 10,17). Pela fé o cristão fundamenta sua vida em Deus num gesto de total confiança que atinge toda a sua pessoa. A relação com Deus é direta, imediata, experimentada individualmente (cf. Rm 5,5), podendo assim ser muito pessoal e única para cada cristão. Desse modo, a ação de Deus pode não se encontrar expressa e mediatizada apenas através das normas gerais válidas para todos os membros da Igreja, mas também através de *imperativos* destinados a cada indivíduo como tal. A história dos santos que lançaram novas práticas e espiritualidades, em geral com resistência das autoridades religiosas, comprova o que afirmamos. A voz de Deus ressoando no mais íntimo da pessoa deve ser respeitada no interior da comunidade eclesial, como nos ensina Paulo, ao tratar dos carismas, embora exigisse discernimento e atenção ao bem de toda a comunidade.

Se o cristão deve seguir a ação do Espírito Santo (cf. Gl 5,25), se esta ação devidamente acolhida o liberta da lei (cf. Gl 5,18), então podemos compreender a afirmação paulina: "onde está o Espírito do Senhor, aí está a liberdade" (2Cor 3,17). Porque a "lei de Cristo" (Gl 6,2) não é propriamente uma lei, uma norma que vem de fora, mas sim um dinamismo interior, uma força divina. Ou como diz Santo Tomás de Aquino: é a graça do Espírito Santo, uma lei infundida, não escrita, a fé operando pelo amor (S.Th. I-II q. 106 a. 1). E explica em outro texto

(Comentário ao texto de 2Cor 3,17): quem a segue é livre porque age a partir da própria vontade, age porque quer agir, age a partir do amor derramado em seu coração (cf. Rm 5,5), e não por uma força externa.

Entretanto, a liberdade humana se encontra inevitavelmente num corpo com todos os condicionamentos que lhe são próprios, conscientes ou inconscientes: pulsões, hábitos, emoções, desejos, influências do contexto vital, herança cultural recebida, experiências passadas negativas, que certamente limitam ou mesmo impedem que a liberdade alcance seu objetivo, já que buscam satisfazerem-se imediatamente. Só através do tempo poderá o sujeito integrar tais condicionamentos em seu projeto de vida e assim ganhar uma maior liberdade para seguir o Espírito. Como exprime o Papa Francisco: o cristão é alguém que sempre se encontra caminhando (*EG*, n. 161), que nunca apresenta uma resposta completa a Deus enquanto não percorrer todo o caminho que a torna possível, buscando continuamente crescer (*EG*, n. 153).

Aqui aparece claramente a noção da "lei da gradualidade", já mencionada por João Paulo II na *Familiaris Consortio* (*FC*, n. 34). Trata-se de "uma gradualidade no exercício prudencial dos atos livres em sujeitos que não estão em condições de compreender, apreciar ou praticar plenamente as exigências objetivas da lei" (*AL*, n. 295). Há, portanto, uma distinção entre o discurso enquanto emitido e o que é realmente dele captado e recebido. Daqui se compreende a distinção entre uma "moral objetiva" que conserva toda a sua verdade e uma "moral subjetiva" que considera concretamente o sujeito. Daqui podemos concluir que as assim chamadas "situações irregulares" (*AL*, n. 296; 301), as quais podem ser bem diferentes (*AL*, n. 298), indicam que "um juízo negativo sobre uma situação objetiva não implica um juízo sobre a imputabilidade ou a culpabilidade da pessoa envolvida" (*AL*, n. 302; 305), embora uma situação irregular não possa ser elevada à categoria de norma (*AL*, n. 304) nem implique "jamais esconder a luz do ideal mais pleno" (*AL*, n. 307).

No fundo estamos constatando uma *mudança de paradigma* muito importante, a saber, passamos da moral de normas para uma moral de virtudes. Embora a norma conserve sua verdade e seu valor enquanto meta, leva-se também em consideração a progressiva caminhada da pessoa em direção à mesma. À virtude, enquanto hábito de fazer o bem, se chega pela repetição de atos. Não se trata de algo novo, já que retoma a teologia moral de Santo Tomás de Aquino. Este distingue a inteligência especulativa da inteligência prática: consequências lógicas da primeira podem não ser realizáveis no âmbito da segunda por não considerar todas as circunstâncias concretas. Não se trata assim de uma estrita dedução lógica, mas de uma aplicação por meio da virtude da *prudência*, que confronta o bem a ser realizado com as situações concretas (S. Th. I-II q. 57 a. 4). Desse modo se corrige uma dupla proclamação da moral: a que é ensinada como objetivo ideal e a que é expressa no confessionário, tendo em conta os condicionamentos e a caminhada das pessoas. Já denunciada por Santo Alfonso de Liguori, é antipedagógica e culpabilizante.

Importante aqui é frisar o respeito pela pessoa, cujo agir moral deve partir sempre da sua liberdade, como já observara Tomás de Aquino seguido pelo Concílio Vaticano II: "A dignidade do homem exige que possa agir de acordo com uma opção consciente e livre" (*GS*, n. 17). Portanto, temos que respeitar sem condições a consciência da cada um: ninguém deve "ser forçado a agir contra a própria consciência" (*DH*, n. 3), a tal ponto que o próprio Santo Tomás afirma que a consciência errônea também obriga sem mais a pessoa, embora a ligue indiretamente (S. Th. I-II q. 19 a. 5). Observemos ainda que a consciência moral não é uma realidade estática, mas se transforma ao longo dos anos, e que nem todos entendem a norma como deveria ser entendida, sobretudo em nossos dias sob o impacto de uma cultura pluralista e relativista. E a devida compreensão da norma é condição necessária para o ato moral. Não mais vivemos num tempo de cristandade e é importante conhecer as complexas circunstâncias da vida moderna e igualmente saber fundamentar o que nos parece normativo.

3. MAIORIDADE NA VIVÊNCIA DA FÉ CRISTÃ

Vivemos hoje uma realidade desafiante para a fé, pois devemos conviver com discursos, mentalidades e comportamentos diferentes dos nossos. A sociedade pluralista exige de nós uma vivência mais sólida da fé. Apenas limitar a vida cristã a algumas práticas tradicionais ou de mera obediência às autoridades eclesiásticas é sucumbir com o tempo às investidas da atual cultura marcada pela busca de satisfações individuais. Mais do que nunca é importante que a Igreja tenha seriamente em conta que a verdade cristã é uma verdade salvífica, pois a revelação se deu em vista da salvação da humanidade. Portanto, não basta resguardar a verdade da doutrina ou da norma, mas igualmente fazê-las de fato serem salvíficas para o ser humano.

Consequentemente tanto o conteúdo doutrinal como a norma moral devem ser *livremente* "recebidos" pelo cristão, devem resultar de uma opção livre e consciente, devem possibilitar ao cristão certo "confrontar-se pessoalmente" com Deus. Sem dúvida, esse relacionamento pessoal e único com Deus se realizará a partir da realidade concreta da pessoa, de sua história, de sua formação humana e cristã, de suas limitações e condicionamentos. Essa realidade implica um processo de amadurecimento em direção à maioridade na fé. Compete à Igreja não dispensar a consciência individual, mas oferecer orientações adequadas para que cada pessoa possa avaliar e decidir livre e conscientemente.

A maioridade em geral significa a coragem de responsavelmente tomar decisões não diretamente legitimadas enquanto deduzidas de normas gerais, mesmo sem ignorá-las ou contradizê-las. Mas também significa se informar devidamente sobre as mesmas, significa saber realizar uma autocrítica que possa revelar desconhecimentos, erros, preconceitos, submissões indevidas à opinião pública, egoísmos latentes. Significa ainda sabedoria, instinto moral, fidelidade à ação do Espírito.

A maioridade cristã respeita a inteligência e a liberdade com que Deus dotou o ser humano, reconhece o caráter único e singular do relacionamento de Deus com cada pessoa, embora situada sempre no contexto social e eclesial onde vive, e a defronta com o próprio Deus, diante de quem inexoravelmente toma sua decisão. Ela implica que a vocação cristã consiste num caminhar histórico que se depara continuamente com novas situações, encruzilhadas, oportunidades, desafios, exigindo do cristão um contínuo discernimento que indique a vontade de Deus para aquele momento que vive.

Importante neste contexto é levar a sério a *imagem de Deus* revelada em Jesus Cristo. Se no passado havia a representação de um Deus como juiz severo e punidor, talvez implicado no papel da Igreja naqueles anos de educar povos e culturas, hoje, numa maior fidelidade à revelação neotestamentária, enfatizamos a *misericórdia divina*. Este fato não significa abrandamento ou relativismo doutrinal ou ético, nem mesmo negação da justiça divina, pois, como diz Santo Tomás de Aquino, a misericórdia não abole a justiça, mas lhe dá cumprimento e sobrepõe-se a ela (S. Th. I, q. 21, a. 3 ad 2). A Igreja deveria ser mais fiel a este "modo de proceder" do próprio Deus que ela anuncia, como lembra o Papa Francisco (*AL*, n. 307-312). Pois hoje "sua credibilidade passa pela estrada do amor misericordioso e compassivo" (*MV*, n. 10).

O respeito realista ao ritmo possível de crescimento da pessoa torna-a mais consciente do que lhe compete no discernimento responsável de sua vida moral (*AL*, n. 305), leva-a a assumir a mesma com maior maturidade e, sobretudo, a examinar a presença de uma caridade ativa, a lei primeira dos cristãos, na própria vida (*AL*, n. 306). Como afirma a Exortação Apostólica: "Também nos custa deixar espaço à consciência dos fiéis, que muitas vezes respondem da melhor forma que podem ao Evangelho no meio de seus limites e são capazes de realizar o seu próprio discernimento perante situações em que se rompem todos os esquemas. Somos chamados a formar as consciências, não a pretender substituí-las" (*AL*, n. 37).

CONSIDERAÇÕES FINAIS

Só assim a Igreja estará sendo fiel ao Deus misericordioso que nos revela a Sagrada Escritura, testemunhado em nossa história na pessoa e na vida de Jesus Cristo. Proclamar a mensagem cristã como uma *oferta* de vida e de felicidade apresentada à liberdade de cada um resulta sem dúvida numa eficácia salvífica maior do que evangelizar com ameaças e condenações. O Deus misericordioso e paciente com o progresso "possível" da pessoa deve não só ser anunciado mas também testemunhado pela própria Igreja. É importante que todos os cristãos sigam de fato a recomendação de Jesus: "Sede misericordiosos como vosso Pai é misericordioso" (Lc 6,36). Isto significa que deve ser aceita certa *diversidade* no interior das nossas comunidades, pois só Deus tem acesso à consciência de cada um. Inquisidores piedosos que trovejam duros juízos sobre outros membros da comunidade necessitam ainda se converter ao Evangelho, pois no cristianismo tanto o componente doutrinal quanto o jurídico estão a serviço da finalidade salvífica.

REFERÊNCIAS BIBLIOGRÁFICAS

DURAND, Guy. *Une éthique à la jonction de l'humanisme et de la religion*. Quebec: Fides, 2011.

HUGUENIN, Marie-Joseph. La morale de gradualité. *Révue d'éthique et de théologie morale*, n. 280 (2014) p. 75-100.

KASPER, Walter. *A misericórdia: condição fundamental do Evangelho e chave da vida crista*. São Paulo: Loyola, 2015.

KASPER, Walter. *Amoris laetitia*: Bruch oder Aufbruch? *Stimmen der Zeit* 141 (2016) p. 723-732.

PAPA FRANCISCO. *Amoris Lætitia* (A alegria do amor). Roma, 2016 (AL).

PAPA FRANCISCO. *Misericordiae Vultus* (O rosto da misericórdia). Roma, 2015 (MV).

RAHNER, Karl. *Der Glaube des Christen und die Lehre der Kirche*. Schriften zur Theologie X. Einsiedeln: Benzinger, 1972. p. 262-285.

RAHNER, Karl. *Der mündige Christ*. Schriften zur Theologie XV. Einsiedeln: Benzinger, 1983. p. 119-132.

RAHNER, Karl. *Kirche im Wandel*. Schriften zur Theologie VI. Einsiedeln: Benzinger, 1968. p. 455-478.

THOMASSET, Alain. *Interpréter et agir*. Jalons pour une éthique chrétienne. Paris: Cerf, 2011.

EDIFICAR O MATRIMÔNIO NO AMOR: A MUDANÇA DE PARADIGMA TEOLÓGICO DE *AMORIS LAETITIA*

Leandro Luis Bedin Fontana

INTRODUÇÃO

No contexto da recepção da Exortação Apostólica pós-sinodal *Amoris Lætitia* (*AL*), uma questão muito controversa tem sido se esta trouxe alguma mudança significativa em termos doutrinais. A essa pergunta, o cardeal Walter Kasper, grande conhecedor do texto e contexto da Exortação, bem como da doutrina católica do sacramento do matrimônio, responde com uma afirmação que dá o que pensar: "[...] *Amoris lætitia* não muda sequer um i na doutrina da Igreja e, mesmo assim, muda tudo" (KASPER, 2016, p. 725-26).[1] Como entender tal formulação? Ou qual seria a chave de leitura para uma hermenêutica apropriada desse documento?

Buscando, pois, uma aproximação a essas perguntas, o presente capítulo desenvolverá uma análise da Exortação sob o ponto de vista teológico-doutrinal, deixando questões de cunho moral, pastoral ou jurídico da Exortação em segundo plano. Sustenta-se a tese de que *AL* representa, de fato, uma mudança substancial no ensinamento da Igreja sobre o matrimônio e a família, muito embora isso se tenha dado não através da criação de novas normas, mas de um novo paradigma. Essa tese será demonstrada através da análise da forma como a Exortação concebe tanto o sacramento do matrimônio em si (*AL*, cap. 3) como o *status* do amor conjugal neste sacramento (*AL*, cap. 4).

---

[1] Nesse capítulo, todas as traduções de citações em outros idiomas, a começar por esta, são próprias.

1. A FAMÍLIA, IGREJA DOMÉSTICA

O capítulo 3 de *AL* apresenta uma síntese da doutrina tradicional do sacramento do matrimônio e atesta a relevância que é atribuída aos dois sínodos da família na Exortação. Neste capítulo, a "essência" dessa doutrina é explicitada através de referências a textos fundamentais do magistério a este respeito, somadas a 26 citações dos relatórios de ambos os sínodos. No coração do capítulo 3 está a seção intitulada "O sacramento do matrimônio" (*AL*, nn. 71-75), que se inicia com uma longa citação do relatório final do sínodo de 2015 (*AL*, n. 38), acentuando dois aspectos centrais: a) Cristo elevou o matrimônio a sinal sacramental de seu amor pela Igreja; b) a família humana possui a potencialidade de ser "imagem e semelhança" da Santíssima Trindade (*AL*, n. 71).

Nota-se, aqui, um tom extremamente positivo e uma convicção do Papa e dos Padres sinodais de que as famílias precisam ser concebidas como verdadeiros sujeitos de pastoral (*AL*, n. 200), uma vez que de fato realizam o que a Constituição Dogmática *Lumen Gentium* (*LG*) definiu, em seu primeiro artigo, como sendo a natureza da Igreja: "[...] a Igreja, em Cristo, é como que o sacramento, ou sinal, e o instrumento da íntima união com Deus e da unidade de todo o gênero humano [...]". Precisamente porque a família, santificada pelo sacramento nupcial, é sinal de unidade e união íntima com Deus, pode-se caracterizá-la como "Igreja doméstica" (*LG*, n. 11). Segundo Hünermann, portanto, o sacramento do matrimônio não é "uma 'coisa', uma 'força' [*AL*, n. 73] que existe *na* Igreja", entre outras coisas. Esse sacramento é, antes, parte essencial da Igreja, ele *constitui* a Igreja por ser Igreja doméstica (HÜNERMANN, 2016, p. 316, grifo no original).

Caracterizar, pois, o matrimônio, ampliado na família, primariamente, como a realização e atualização da própria natureza da Igreja, isto é, como Igreja doméstica, como sinal visível do amor incondicional de Cristo por sua Igreja, e como a "imagem e semelhança" da própria Trindade, significa inaugurar um novo tom do discurso magisterial sobre o matrimônio. Esse novo tom deve-se não exclusivamente àquilo que é afirmado explicitamente, mas, em grande medida, àquilo que não é reafirmado ou não é mais afirmado. Pois, segundo uma das regras da análise hermenêutica, "o não dito ou o não mais dito também fazem parte de um texto magisterial" (SCHOCKENHOFF, 2017, p. 148).

2. O MATRIMÔNIO COMO VOCAÇÃO

Feita essa observação preliminar, chega-se, no n. 72 da *AL*, a uma definição fundamental. Ali, o matrimônio é apresentado, essencialmente, como vocação. Assim compreendido, o que é posto em evidência é muito mais o aspecto do dom e da iniciativa divina. Com efeito, "ser chamado" é uma constante antropológica de primeira grandeza tanto no Antigo como no Novo Testamento e pertence à história pessoal de todos os grandes personagens bíblicos.[2]

2.1 *CASTI CONNUBII*, SANTO AGOSTINHO E *AL*

Estabelecer diferenças é sempre um bom método para perceber e entender mudanças. Por isso, na opinião de Hünermann (2016, p. 313), o novo tom de *AL* se torna mais evidente se comparado à carta encíclica *Casti connubii*, de Pio XI, de 31 de dezembro de 1930, igualmente sobre o matrimônio cristão. Hünermann (2016, p. 314) observa que ambos os documentos partilham a doutrina de que na origem do sacramento do matrimônio está Deus, o criador de todas as coisas. Todavia, ao passo que em *AL* a origem divina é fundamentada através da noção de vocação e chamado, evidenciando a relação com o criador e a liberdade humana da resposta, *Casti connubii* (n. 3) defende

> [...] que o matrimônio não foi instituído nem restaurado por obra dos homens, mas por obra divina; que não foi protegido, confirmado nem elevado com leis humanas, mas com leis do mesmo Deus, autor da natureza, e de Cristo Senhor, redentor da mesma; e que, portanto, suas leis não podem estar sujeitas ao arbítrio de nenhum homem, nem sequer ao acordo contrário dos próprios cônjuges.[3]

Ao submeter o matrimônio inteiramente à disposição divina, a liberdade humana fica substancialmente encurtada e a norma é arrebatada do domínio daquilo de que se pode dispor para interpretação ou adaptação,

---

[2] Muito embora a Exortação Apostólica *Familiaris Consortio*, de João Paulo II, também descreva o matrimônio como uma vocação, a sua compreensão de vocação ainda parecia estar muito presa a uma ideia de estado de vida (cf. *Familiaris consortio*, n. 11). A concepção de vocação de Francisco soa muito mais "leve" e está muito mais baseada no encontro pessoal e alegre com o Evangelho e com a pessoa de Jesus Cristo. De fato, no Novo Testamento, o verbo chamar (καλέω) é geralmente empregado quando alguém é interpelado pela palavra do próprio Deus mediante o anúncio de Jesus Cristo da Boa Notícia de seu Reino (cf. SCHMIDT, 1950, p. 489-495).

[3] Segue-se, aqui, a tradução espanhola da encíclica, sobretudo porque a versão original latina não possui numeração, o que torna difícil a citação. As traduções para o português usadas aqui são próprias, comparando a versão espanhola com a original latina.

sendo ela elevada a um nível metafísico absoluto no qual a consciência e a subjetividade humana não têm nenhum papel a exercer. Reproduz-se a interpretação agostiniana de Mc 10,8-9, segundo a qual, *dado que* Deus une, o homem *não pode* separar. Agostinho lê o verso bíblico "*quod ergo Deus coniunxit, homo non separet*", com as lentes dos pressupostos metafísicos da ontologia platônica e compreende o laço matrimonial e as suas implicações (normas) não no sentido (moral) de "não dever", mas no sentido (ontológico) de "não poder", não conseguir. Ele dá ao texto bíblico uma interpretação que possivelmente não corresponda à original e que não é de forma alguma a única possível na longa tradição cristã (SCHOCKENHOFF, 2016, p. 107).

Para Agostinho, ademais, o matrimônio é como que um "mal necessário" a fim de criar um espaço ordenado e delimitado para o "controle" da sexualidade humana, perversa em si em virtude do pecado. O matrimônio é "[...] a única forma na qual o desejo sexual pode atingir seu objetivo legítimo, qual seja, a procriação ordenada e honorável da raça humana" (JEANROND, 2010, p. 48). O matrimônio proporciona, assim, o ordenamento do desejo sexual, da procriação e da estabilidade social.[4]

À luz desse pressuposto, compreende-se, outrossim, o sentido dos três bens do matrimônio: prole, fidelidade e sacramento, centrais para Agostinho, bem como em *Casti connubii* (n. 5). Afinal, o *contrato* matrimonial serve, acima de tudo, para assegurar esses três bens (HÜNERMANN, 2016, p. 314). *Proles* é o único fim racional da sexualidade, não podendo esta ter nenhuma outra finalidade. A noção de *fides*, fidelidade recíproca, é perpassada pela lógica da 'propriedade' do corpo, uma vez que o *ius in corpus*,[5] perpétuo e exclusivo, é a lei divina que está na

---

[4] Santo Agostinho explicita a sua "teologia do matrimônio" em sua obra *De bono coniugali*, embora não exclusivamente. Para um estudo mais aprofundado do desenvolvimento histórico da teologia do matrimônio cristão, bem como da teologia agostiniana desse sacramento (JEANROND, 2010, p. 179-199), uma referência internacional na temática. Para uma descrição sintética (FONTANA, 2017, p. 12-14).

[5] O termo jurídico *ius in corpus* refere-se ao direito do corpo do cônjuge, tal como dispunha o Código de Direito Canônico de 1917 (CIC 1917). No cân. 1081, § 2, desse código, lia-se que "[o] consentimento matrimonial é um ato da vontade pelo qual cada uma das partes cede e aceita o direito sobre o corpo, perpétuo e exclusivo, em vista do ato que os habilita à geração da prole" (tradução própria do latim). Esse cânon é citado na *Casti connubii*, no n. 3, e explicitado no n. 9. Não obstante as mudanças do Concílio Vaticano II e o CIC de 1983, essa ideia parece ter-se perpetuado até algumas teologias contemporâneas, passando, inclusive, pelo célebre n. 84 da *Familiaris consortio*. Não fosse a fundamentação de João Paulo II permeada por um tal entendimento do vínculo matrimonial, não haveria como justificar, teologicamente, que um casal recasado que vive normalmente a sua vida conjugal, salvo a prática de atos sexuais, possa, eventualmente, ser admitido à comunhão. Argumentando com uma citação de *Gaudium et spes* (n. 51), o Papa Francisco abandona essa solução de João Paulo II para os casos previstos nesse mesmo número (n. 84) de *Familiaris consortio* (cf. *AL*, n. 298, nota 329; cf. O'COLLINS, 2016, p. 918).

raiz deste bem matrimonial. No que diz respeito à sacramentalidade, "[...] a palavra *sacramentum* significa tanto a indissolubilidade do vínculo como a elevação e consagração do contrato efetivada por Jesus Cristo, constituindo-o sinal eficaz da graça" (*Casti connubii*, 11).

Por sumária que seja, essa comparação com a doutrina matrimonial católica pré-conciliar demonstra o quanto esta estava alicerçada sobre o paradigma teológico agostiniano. Nele, constata-se uma preocupação em justificar o caráter divino e eterno do contrato realizado pelos cônjuges, assegurando o direito "eterno e exclusivo" ao corpo do cônjuge e a vivência ordenada da sexualidade em vista da prole. Em *AL*, esse paradigma é definitivamente abandonado. Para Francisco, o matrimônio não pode ser concebido em termos de um contrato exterior, envolvendo a cessão recíproca do "direito do corpo" dos cônjuges, ou como "uma convenção social, um rito vazio ou o mero sinal externo de um compromisso" (*AL*, n. 72). O matrimônio sacramental é, ao contrário, a resposta a um chamado, "[...] uma resposta à chamada específica para viver o amor conjugal como sinal imperfeito do amor entre Cristo e a Igreja" (*AL*, n. 72).

É preciso, portanto, de um lado, ajudar os jovens e noivos a não se deixarem levar pelas convenções sociais, por padrões estéticos e morais dos contextos onde vivem e, por outro, acompanhá-los a descobrir, em profundidade, a sua vocação pessoal. Afinal de contas, "[...] a decisão de se casar e formar uma família deve ser fruto de um discernimento vocacional" (*AL*, n. 72). Sendo assim, esse processo merece uma atenção e um cuidado todo particular da parte dos pastores e agentes de pastoral. Há que repensar todo o plano pastoral das paróquias e dioceses em vista desse acompanhamento, pois a família é, ao mesmo tempo, "uma Igreja doméstica e uma célula viva para transformar o mundo" (*AL*, n. 324).[6] Pondo, pois, a ênfase sobre a vocação e o chamado pessoal, o Papa ressalta a resposta livre do ser humano ao chamado de Deus, distanciando-se, implicitamente, de outras definições do matrimônio.

2.2 UMA ALIANÇA DE VIDA

Em *AL*, não há, de forma alguma, a negação da indissolubilidade, da importância do direito para garantir a legitimidade do vínculo, ou mesmo do valor de certa "moralidade católica matrimonial". Mas o que

---

[6] O bispo francês Jean-Paul Vesco lamenta, no entanto, que esse documento não tenha surtido o efeito que deveria até então. A impressão que se tem é que, na verdade, ele tem-se tornado, na Igreja, um "não acontecimento" (VESCO, 2016, p. 115).

certamente ocorre é o abandono do "constructo jurídico de um contrato preestabelecido por Deus" e a concepção do sacramento muito mais no sentido de uma "aliança de vida" (HÜNERMANN, 2016, p. 315). Afinal, abraçar o matrimônio não pode consistir, exclusivamente, na observação de uma lei jurídica formal, mas precisa incluir também um comprometimento ético.

Por conseguinte, entre os fatores determinantes da existência de um vínculo matrimonial entre duas pessoas, de uma aliança de vida, está, sem dúvida, o seu caráter formal, eclesial e público, mas está também a relação ética e amorosa dos esposos. Nesse sentido, o sacramento do matrimônio é "baixado" ao nível de uma grandeza histórica (HÜNERMANN, 2016, p. 316), sublinhando-se o seu caráter contingente e os perigos da vida real, não obstante o sério comprometimento dos esposos em viver em sua vida matrimonial, de forma gradual e processual (*AL*, n. 122), essa vocação inspirada por Deus.

3. A CENTRALIDADE DO AMOR

A expressão mais evidente de que, para o Papa Francisco, o matrimônio cristão deve incluir a vida concreta cotidiana e o testemunho de fé dos cônjuges, são os capítulos 4 e 5, sobre o amor, considerados pelo próprio Papa centrais no conjunto de seu texto (*AL*, cap. 6). Neles, o amor é despido de seu caráter metafísico e mesmo sobrenatural, adquirindo contornos humanos, históricos e bíblicos. Colocar o amor no centro tem duas implicações fundamentais. De um lado libera o matrimônio de uma visão demasiado jurídica e, de outro, exige um esforço hermenêutico sério no sentido de definir o amor. Não basta salientar o valor do amor na vida conjugal, tal como o fizeram os predecessores de Francisco. É preciso ajudar os casais a descobrir a riqueza do amor e o que amar implica concretamente.

É muito pertinente, pois, iniciar uma reflexão sobre o amor matrimonial cristão com uma meditação sobre o hino paulino ao amor (cf. 1Cor 13), na medida em que ela remete o discurso pontifício a um dos aspectos centrais da vida cristã. Pois, numa perspectiva paulina, ágape (o amor ἀγάπη) é "o modo da existência cristã" (WISCHMEYER, 1981, p. 225). E é precisamente nesse hino que Paulo define o amor, evidenciando seus desdobramentos e implicações para a existência cristã. Afirmar, portanto, que "[o] matrimônio é o ícone do amor de Deus por nós (*AL*, n. 121)" faz tanto mais sentido se se admite que a prática do amor também pertence à dimensão da sacramentalidade matrimonial. Pois só amor pode tornar essa "aliança de vida" concreta, real, fidedigna, verdadeira. Ademais, só o amor é capaz de edificar (cf. 1Cor 8,1; Ef 4,16). Note-se que edificar é empregado, aqui, em seu duplo significado: tanto no sentido de construir processualmente como no de induzir à virtude, ao bem. Em outras palavras, o matrimônio não pode ser edificado sobre base mais sólida que o amor.

Abandonando-se a matriz hermenêutica agostiniana e neoescolástica, é possível, ainda, apreciar positivamente o valor da sexualidade na vida matrimonial como sendo parte do próprio amor – impensável para Agostinho. A caridade conjugal "[...] é uma 'união afetiva', espiritual e oblativa, mas que reúne em si a ternura da amizade e a paixão erótica, embora seja capaz de subsistir mesmo quando os sentimentos e a paixão enfraquecem" (*AL*, n. 120; cf. TOMÁS DE AQUINO, *Suma teológica*, II-II, q. 27, art. 2; cf. BONINO, 2016, p. 506-507; cf. O'COLLINS, 2016, p. 916). Muito embora o Papa obviamente não o faça, tal compreensão do amor matrimonial abriria a possibilidade de fundamentar a indissolubilidade matrimonial no amor, assim como propõem, entre outros, Schockenhoff (2016, p. 101) e Vesco (2015, edição Kindle, sem paginação), e não exclusivamente na dimensão jurídico-formal do consentimento. Mas isso foge completamente ao escopo deste estudo (para maiores detalhes, cf. FONTANA, 2017, p. 8-17).

Importante, no entanto, é perceber que em *AL* a fundamentação do amor matrimonial ocorre através de Santo Tomás, e não mais de Santo Agostinho.[7] Com efeito, a Exortação contém um total de 18 citações explícitas de Santo Tomás as quais se concentram em dois capítulos: no capítulo 4 (treze citações) e no capítulo 8 (cinco citações). No capítulo 4, que é de nosso interesse neste capítulo, o Papa busca resgatar a doutrina de Tomás sobre as paixões (*AL*, n. 143-146) e sobre o amor (*AL*, n. 120-141), destacando o seu valor antropológico e moral. Definido, primariamente, como uma "força unitiva" (*AL*, n. 120, nota 115; TOMÁS DE

---

[7] Esse resgate da teologia tomasiana já havia sido iniciado no discurso que o cardeal Kasper proferiu ao Consistório Extraordinário sobre a Família, reunindo, em Roma, de 20 a 21 de fevereiro de 2014, 185 cardeais e futuros cardeais (cf. KASPER, 2014, p. 13-16). Dado que essa ideia encontrou considerável ressonância entre os cardeais durante o primeiro sínodo, o cardeal Kasper procurou aglutinar alguns especialistas em Tomás de Aquino para desenvolver melhor essa questão. Entre eles, destacam-se o cardeal Georges Cottier, teólogo emérito da Casa Pontifícia, e o cardeal Christoph Schönborn, escolhido pelo Papa para apresentar a *AL* ao público no dia 8 de abril de 2016 (KASPER, 2016, p. 726).

AQUINO, *Suma teológica*, I, q. 20, art. 1, ad 3) e como "amizade maior" (*AL*, n. 123; TOMÁS DE AQUINO, *Suma contra os gentios*, III, 123), o amor conjugal assume um lugar decisivo na doutrina do matrimônio (cf. BONINO, 2016, p. 506-507).

CONSIDERAÇÕES FINAIS

A pergunta que orientou este capítulo foi se *AL* trouxe alguma mudança substancial na doutrina do sacramento do matrimônio. Uma análise sucinta dos capítulos 3 e 4 revelou que o que ocorreu foi uma mudança não tanto em termos de conteúdo, mas de mentalidade ou paradigma. O enfoque histórico-bíblico-pastoral dado pelo Papa ao matrimônio e ao amor conjugal distancia-se da matriz de pensamento agostiniana e procura levar mais em conta a subjetividade humana e a realidade das famílias, oferecendo aos casais uma mensagem muito mais positiva e encorajadora em relação à sua vocação e missão na Igreja e no mundo.

Ao mesmo tempo, optar por um paradigma histórico-bíblico tem consequências significativas. "Enquanto a filosofia grega e a mitologia orientalista perguntavam acerca do logos do cosmos, a fim de determinar, a partir de lá, o lugar do homem, o modo de pensar bíblico desloca o foco para o sentido da história" (LÖWITH, 1953, p. 14). No paradigma metafísico grego, portanto, o ser humano era prisioneiro de leis universais e imutáveis e o sentido da existência, embora pudesse ser desvelado, não podia ser mudado. No bíblico, ao contrário, o sentido não nos é dado pelo logos eterno e imutável, mas pela história, que é o lugar onde Deus age e se revela constantemente. O sentido não nos é dado e não pode ser antecipado, só pode ser construído hermeneuticamente dia após dia. Há que ter fé e esperança. Sim, pois, na linguagem bíblica, segundo Franz Schupp, o contrário de lei (*nómos*) é fé (*pístis*). E o Reino de Deus é, teologicamente, a categoria crítica capaz de corroer qualquer sistema fechado que tenha a pretensão de deduzir o sentido a partir de um código de leis ou verdades imutáveis (SCHUPP, 1974, p. 15). E no Reino de Deus só há uma lei, "a lei da vida", que, no fundo, é o amor (JEREMIAS, 1979, p. 204-206). *AL* deu um passo corajoso e decidido nessa direção. Pois no amor, lei suprema do Reino, é possível edificar o matrimônio.

REFERÊNCIAS BIBLIOGRÁFICAS

BENTO XV. *Codex Iuris Canonici* (CIC 1917). Promulgado em: 27 maio 2017. Disponível em: <http://www.intratext.com/X/LAT0813.HTM>. Acesso em: 27 jul. 2017.

BONINO, Serge-Thomas. Saint Thomas Aquinas in the Apostolic Exhortation *Amoris Lætitia*. *The Thomist*, v. 80, n. 4, p. 499-519, 2016.

FONTANA, Leandro L. B. *Amoris laetitia*: um divisor de águas na doutrina da sacramentalidade do matrimônio? *Litterarius*, v. 16, n. 1, p. 1-20, 2017. Disponível em: <http://br60.teste.website/~fapas413/index.php/litterarius/article/view/994>. Acesso em: 02 ago. 2017.

FRANCISCO. *Exortação apostólica pós-sinodal "Amoris laetitia"*: sobre o amor na família. São Paulo: Paulus, 2016.

HÜNERMANN, Peter. Das Sakrament der Ehe: eine dogmatische Lektüre von "Amoris laetitia". *Theologische Quartalschrift*, v. 196, n. 4, p. 299-317, 2016.

JEANROND, Werner G. *A Theology of Love*. London: T & T Clark, 2010.

JEREMIAS, Joachim. *Neutestamentliche Theologie*. 3. ed. Gütersloh: Mohn, 1979. v. 1. 2v.

JOÃO PAULO II. *Familiaris Consortio*. Vaticano: 22 nov. 1981. Disponível em: <http://w2.vatican.va/content/john-paul-ii/pt/apost_exhortations/documents/hf_jp-ii_exh_19811122_familiaris-consortio.html>. Acesso em: 04 ago. 2017.

KASPER, Walter. "Amoris laetitia": Bruch oder Aufbruch?. Eine Nachlese. *Stimmen der Zeit*, v. 234, n. 11, p. 723-732, 2016.

KASPER, Walter. *Das Evangelium von der Familie*: die Rede vor dem Konsistorium. Freiburg im Breisgau: Herder, 2014.

LÖWITH, Karl. *Weltgeschichte und Heilsgeschehen: die theologischen Voraussetzungen der Geschichtsphilosophie*. Stuttgart: Kohlhammer, 1953.

O'COLLINS, Gerald. The Joy of Love (*Amoris Lætitia*): The Papal Exhortation in Its Context. *Theological Studies*, v. 77, n. 4, p. 905-921, 2016.

PIO XI. *Carta Encíclica Casti Connubii*. Vaticano, 31 dez. 1930. Disponível em: <http://w2.vatican.va/content/pius-xi/es/encyclicals/documents/hf_p-xi_enc_19301231_casti-connubii.html>. Acesso em: 27 jul. 2017.

SCHMIDT, Karl Ludwig. καλέω. In: *Theologisches Wörterbuch zum Neuen Testament.* Stuttgart: Kohlhammer, 1950. v. 3, p. 488-538. 10v.

SCHOCKENHOFF, Eberhard. Die Unauflöslichkeit der Ehe und die zivilen Zweitehen von Getauften. *Stimmen der Zeit,* v. 234, n. 2, p. 99-114, 2016.

SCHOCKENHOFF, Eberhard. Traditionsbruch oder notwendige Weiterbildung? : zwei Lesarten des Nachsynodalen Schreibens "Amoris laetitia". *Stimmen der Zeit,* v. 235, n. 3, p. 147-158, 2017.

SCHUPP, Franz. *Auf dem Weg zu einer kritischen Theologie.* Freiburg im Breisgau: Wien; Basel: Herder, 1974.

TOMÁS DE AQUINO. *Suma contra os gentios.* Trad. Odilão Moura. Porto Alegre: EDIPUCRS, 1996.

TOMÁS DE AQUINO. *Suma teológica.* São Paulo: Loyola, 2001.

VESCO, Jean-Paul. O papa Francisco procedeu conforme a tradição... *Concilium,* n. 4, p. 115-118, 2016. Trad. Gentil Avelino Titton.

VESCO, Jean-Paul. *Tout amour véritable est indissoluble*: plaidoyer pour les divorcés-remariés. Paris: Les Éd. du Cerf, 2015. (Edição Kindle).

WISCHMEYER, Oda. *Der höchste Weg: das 13. Kapitel des 1. Korintherbriefes.* Gütersloh: Gütersloher Verlagshaus Mohn, 1981. (Studien zum Neuen Testament, 13).

MATRIMÔNIO, VIUVEZ E VIRGINDADE DESAFIOS E PISTAS PARA A ECLESIOLOGIA

André Luiz Rodrigues da Silva

INTRODUÇÃO

O Papa Francisco levanta um problema que, em geral, afeta a vida de muitos cristãos, quando se sentem obrigados a confrontar as diversas possibilidades vocacionais existentes na Igreja. Não é necessário que alguém explicitamente oponha a vida matrimonial à vida consagrada para que dissemine uma série de conclusões falsas sobre a relação que possa existir entre essas realidades. O perigo se esconde na "maneira de apresentar as convicções cristãs", "na forma como tratamos as pessoas", na apresentação de "um ideal teológico do matrimônio demasiado abstrato", na apresentação de um distanciamento "das possibilidades efetivas das famílias tais como são" (*AL*, n. 36). Desde os primeiros séculos do Cristianismo, a Igreja enfrenta desafios enormes para corrigir os extremismos ideológicos originados pelo fato de que, constantemente, bastava pouco para que alguém se afastasse dos fundamentos teológicos e morais corretos sobre os ministérios da Igreja, subvertendo, desse modo, a sua compreensão.

Muitas vezes, os termos usados para tratar destes assuntos orbitam aspectos semânticos como "estado de vida", "vocação", "opção de vida", "chamado", "chamamento", "ministério", "ordem" e outros semelhantes, fazendo-nos intuir que haja em cada uma dessas expressões a possibilidade de se constatar, por um lado, a dimensão eclesial a que todas as vocações devem corresponder, para que alcancem o vigor da sua maturidade, e, por outro lado, o apelo à responsabilidade pessoal do sujeito que concretiza os ideais mais importantes da sua vida.

A complexidade desse assunto coincide com o caminho que alguém deveria percorrer desde os primeiros, imaturos e incertos, questionamentos que se colocassem ao pensar sobre seu próprio futuro, até a realização concreta dos seus sonhos, mesmo que, a princípio, ignorasse as consequências sociais e eclesiológicas das escolhas que um dia fizesse.

A despeito do costume de supor que a maior parte das decisões matrimoniais dependa da avaliação realizada pelos consortes, enquanto as vocações sacerdotais e religiosas se avantajam pela presença de um sensor institucional por parte de um bispo, de um superior ou até mesmo de uma superiora, é oportuno acenar para a importância de ambas as dimensões no amadurecimento das vocações, isto é, a dimensão pessoal e a dimensão eclesial, onde não se impede que determinado casal receba orientações que o ajudem a construir os alicerces que sedimentem a sua liberdade de escolha (SISTACH, 2017, p. 72), tampouco se subtrai daquele que tem vocação religiosa a responsabilidade plena de sua adesão (JAMISON, 2013, p. 83).

Muitos são os fatores que podem, depois da morte do cônjuge, colocar um viúvo ou uma viúva outra vez diante de apelos sobre a sua vocação. Há quem decida se casar novamente, seguindo uma perspectiva assertiva da experiência que conquistou durante o primeiro matrimônio; há quem prefira, no entanto, não se envolver mais em nenhum relacionamento amoroso; há, enfim, quem decida conjugar o perfil celibatário com seu novo estado de vida. Definitivamente, de todos os fatores considerados nesse momento, parece que a experiência sexual conjugal com o amadurecimento e o acúmulo de informações sobre a própria sexualidade represente um dado determinante para o processo de escolha. Quanto maior for a confusão sobre os conceitos de castidade, pureza, virgindade e celibato, mais exposta a viuvez estará aos extremismos de uma escolha que banalize demais ou satanize demais a sexualidade.

A história das virtudes e as etapas de amadurecimento da concepção do ideal de perfeição ajudam a contextualizar essa problemática já no início do segundo século da era cristã, quando a literatura patrística desenvolvia e sedimentava uma série de metáforas bíblicas que ilustravam simultaneamente axiomas eclesiológicos a partir das metáforas do matrimônio, da viuvez e da virgindade, num esquema riquíssimo de significados morais. No entanto, a emancipação sucessiva, quer do ideal matrimonial, quer do ideal celibatário, e, particularmente, o esvaziamento do significado eclesial desses estados de vida provocaram um empobrecimento traduzido em extremismo espiritual.

Chega-se, então, ao núcleo da questão levantada pela *AL*, n. 159, quando o Papa Francisco menciona São João Paulo II para dizer que não se pode falar em "inferioridade" do matrimônio nem de "superioridade" da virgindade e do celibato em função da abstinência sexual. Não se trata apenas de prejuízos que surgem da desnecessária comparação entre tais vocações, tentando desmerecer e menosprezar uma ou outra (*AL*, n. 150). O matrimônio em si mesmo sofre com isso. Por esse motivo, de fato, em outro lugar o Papa Francisco reconhece que, em última análise, mais cristãos estão deixando de contrair o matrimônio, o que torna tal sacramento vulnerável diante do descalabro moral e humano que nasce do sentimento de inferioridade (*AL*, n. 35). Nesse sentido, mostra-se útil a recuperação das interpretações eclesiológicas que os Padres da Igreja produziram sobre o matrimônio, a viuvez e a virgindade, reforçando um sistema teológico que garanta a complementaridade proposta pelo Santo Padre, Papa Francisco.

1. A INTERPRETAÇÃO ECLESIOLÓGICA DA METÁFORA DO MATRIMÔNIO

Numa mesma citação, Eusébio de Cesareia aduz o tema do matrimônio para uma atmosfera heterodoxa bastante antiga, chegando ao segundo século, quando os cristãos eram aconselhados por Saturnino e Marcião a não contrair o matrimônio, ao passo que Taciano o equiparava às desonras da corrupção e da luxúria (*HE* IV, 29, 2-3). Nascia, desta maneira, o encratismo, que observava a moralidade das relações sexuais pelo prisma de um pessimismo da matéria e dos prazeres (SIMONETI, 1994, p. 76). Ao contrário, São Justino provavelmente recupera as tradições bem mais antigas que o colocam em diálogo com a Hagadá e com Filão de Alexandria (VISIONÁ, 1988, p. 371), ao utilizar a figura das esposas de Jacó, não apenas para demonstrar a validade do matrimônio, mas, ao mesmo tempo, para oferecer um importante valor para o patriarca bíblico:

> Os casamentos de Jacó eram figura do que Cristo realizaria. De fato, não era lícito para Jacó tomar ao mesmo tempo duas irmãs em matrimônio. Ele serve Labão por causa de suas duas filhas e, enganado sobre a mais jovem, o serviu novamente outros sete anos. Lia era vosso povo e sinagoga, e Raquel a nossa Igreja. Cristo está até agora servindo por uma e outra, assim como pelos servos de ambas. Com efeito, assim como Noé deu como servo de dois de seus filhos a descendência do terceiro, agora chegou Cristo para o restabelecimento de ambos, dos livres e dos que dentre eles são escravos, concedendo os mesmos privilégios a todos os que guardarem os seus mandamentos, de modo que os filhos que Jacó teve com as escravas e as livres fossem todos filhos de igual honra. Contudo, segundo a ordem e a precedência, foi predito como será cada um. Jacó serviu a Labão em

troca dos rebanhos manchados e multiformes. Também Cristo serviu até a cruz em favor dos homens de toda a descendência, variados e multiformes, ganhando-os por meio do seu sangue e do ministério da cruz (*Diál.* 134,3-5).[1]

A peculiaridade desta citação não se encontra apenas na sua importância como uma fonte surpreendentemente antiga sobre o matrimônio, como uma metáfora de tradição judaica antiga e sobre a vida cristã, mas sobretudo no paralelo que emerge da superação dos preconceitos e das limitações morais e culturais comuns àquele contexto histórico. Em geral, o segredo de uma eclesiologia amadurecida e equilibrada corrige as tendências heterodoxas com raízes nos extremismos morais. O chamado, então, à constituição familiar com a riqueza dos seus fundamentos naturais e históricos – qual valor irrenunciável da fé cristã – não deveria ser procurado independentemente do ambiente eclesiástico exclusivo onde faz florescer seus frutos mais nobres. Facilmente, menospreza-se e desrespeita-se a árvore quem, querendo apenas comprazer-se com os frutos, ao invés de alcançá-los nos galhos, corta-a pelo caule ou pela raiz com a finalidade de colhê-los. Da mesma forma, fora da dimensão eclesial para a qual nasceram, os modelos de interpretação do matrimônio se desgastam e se enfraquecem, ao passo que, dentro da mesma perspectiva, amadurecem e se fortalecem. O mesmo se dirá sobre todas as outras vocações.

O Papa Francisco cumpre várias vezes o caminho deste itinerário hermenêutico, pelo que parece, tentando corrigir os excessos dos moralistas que, ao invés de integrar, acompanhar e ajudar as famílias a viver o cristianismo, acabam afastando as pessoas ou colocando sobre elas fardos exagerados. Na *AL* n. 28 monta a imagem da família – o pai, a mãe, a criança – a partir de citações veterotestamentárias do salmo 131 e Os 11, interpretando-a à luz da união de cada pessoa com Deus. Com Cristo, no entanto, aquela "aliança esponsal, inaugurada na criação e revelada na história da salvação, recebe a revelação plena do seu significado", afirma a *AL*, n. 63. Trata-se aqui de enxergar o uso consciente que o Papa Francisco faz da famosa metáfora paulina que se encontra em Ef 5,31-32, em que o apóstolo havia comparado a relação do marido e da

---

[1] Em estudos precedentes, demonstramos a grande importância dessas metáforas dentro da perspectiva do progresso histórico do ideal de perfeição. De fato, os filósofos supunham que a perfeição humana só era alcançada por homens que se dedicassem à filosofia. Nesse sentido, com a perseguição os mártires conseguiram alargar esse entendimento, atribuindo a possibilidade de alcançar a perfeição a mulheres, crianças, jovens, velhos e escravos. As metáforas sobre o matrimônio, então, ocupam um espaço especial neste processo, já que as extensões destes ideais morais se fundem com os valores da eclesiologia patrística do mesmo período. Cf. SILVA, A. L. R. A visão de São Justino sobre a mulher: personagens e notícias. *ATeo* 51 (2015), p. 529-545.

mulher ao amor que Cristo tem pela Igreja. Destaca-se a motivação do uso dessa metáfora na *AL* n. 63, evitando um pessimismo sobre família: em face das adversidades e dos obstáculos que as famílias enfrentam, elas "recebem de Cristo, através da Igreja, a graça necessária para testemunhar o amor de Deus e viver a vida de comunhão".

Mostra, de fato, as duas aplicações desta mesma metáfora, isto é, quando se parte, por um lado, do mistério de amor entre Cristo e a Igreja para iluminar a vida da família ou quando se fala, por outro lado, da união familiar como um sinal sacramental daquela união escatológica. Note-se que, em sua primeira dimensão, o Papa repetidamente se tem preocupado em classificá-la como uma analogia imperfeita (*AL*, n. 73).[2] Vale a pena esclarecer que diz isso para que se evite a concepção de um ideal do matrimônio intangível, configurado por uma santidade tão transcendente e pura que não possa ser colocada em prática. Reveste, por isso, o outro aspecto da mesma metáfora de realismo moral, reforçando que nas alegrias concretas do amor e da família recebe-se, ainda aqui neste mundo, um "antegozo do banquete das núpcias do Cordeiro" (*AL*, n. 73).

Na qualidade de Igreja doméstica, a família e o casal são os protagonistas da edificação do Corpo de Cristo, segundo as menções feitas na *Relatio Synodi* 2014. Encontra-se, desta maneira, o núcleo da vocação eclesiológica para matrimônio e para família, tão rico em vitalidade a ponto de manifestar para toda a Igreja a forma mais genuína, sem a qual o povo de Deus jamais poderá compreender a si mesmo (*AL*, n. 67). Essa dimensão eclesiológica ajusta e ordena os significados que o sacramento do matrimônio possui, compreendendo-o não apenas como uma convenção social, um rito vazio ou um mero sinal externo de empenho entre os cônjuges. Pelo contrário, solidifica a sua importância como um dom para a santificação mútua e, sobretudo, para a salvação dos membros da família (SILVESTRI, 2016, p. 17-18).

Outros elementos desta metáfora continuam a ser apresentados, implementando a sua importância. Por exemplo, todos os aspectos sobre a moradia, incluindo temas sérios e polêmicos como a dignidade, o direito e a manutenção do sistema domiciliar, esbarram naquele esboço eclesiológico que, segundo o Papa Francisco, "abriga no seu interior a presença de Deus, a oração comum e, consequentemente, a bênção do Senhor" (*AL*, n. 15). Com o conceito de "caminho da Igreja" (*AL*, n. 69), abrem-se as chances

---

[2] A citação é retirada da catequese do Papa Francisco na Audiência Pública semanal na Praça São Pedro, do dia 06/05/2015. Cf. FRANCISCO. *Catequese* (6 de maio de 2015): *L'Osservatore Romano* (ed. Semanal portuguesa de 07/05/2015), 20.

de se confirmar que a vida do casal é, em definitivo, o lugar onde se concretiza a história da salvação. Mesmo diante dos desafios mais complexos e dos perigos mais frequentes, a família continua sendo objeto do favor da graça de Deus, que se mostra generoso para ajudá-la. Os motivos pelos quais os casais se sentem confortados, quando conseguem vencer tais desafios, produzem um novo olhar para as relações que, da desconfiança do desamparo, registram aquela imagem sacramental que os faz "descobrir e descrever o mistério de Deus" em meio aos homens (AL, n. 11).

Segundo Alexandre de Hales, o mesmo teólogo inglês do século XII citado pelo Papa Francisco na AL n. 159, o significado que pode ser alcançado pela analogia paulina de Cristo e da Igreja coloca o matrimônio em um lugar de excelência, já que representa a união da natureza humana com a natureza divina numa escala insuperável, pois nada maior pode existir no âmbito das criaturas (LYNCH, 1951, p. 77). É oportuno salientar, enfim, que, de acordo com a tendência da história da Teologia sobre os conceitos da unidade da natureza divina com a natureza humana, os erros mais comuns surgiam quando a divindade absorvia a humanidade a ponto de anulá-la completamente, acarretando um movimento extremamente perigoso para a ortodoxia católica. As tensões a respeito dos juízos morais em relação à doutrina cristã sobre o matrimônio podem se tornar tentativas acrobáticas para não ferir os aspectos sagrados da questão. No entanto, se não se tratar com o mesmo zelo dos aspectos humanos – como insiste o Papa Francisco ao longo da AL –, cria-se na Moral uma entidade tirana, afastada e incapaz de salvar os homens de seus erros.

2. A INTERPRETAÇÃO ECLESIOLÓGICA DA METÁFORA DA VIRGINDADE

Entre o primeiro e o segundo século conseguimos identificar uma mudança bem importante na estrutura metafórica da virgindade. A partir do texto evangélico de Mateus, capítulo vinte e cinco, encontramos aquelas dez virgens, separadas entre prudentes e imprudentes, que esperavam pela vinda do noivo, carregando lâmpadas nas mãos (cf. Mt 25,1-13). Elas mantinham a virgindade em função do matrimônio, ou seja, se preparavam para que pudessem encontrar o seu venturo marido (TUMER, 2008, p. 251).

A primeira intuição da parábola já na boca de Jesus pode ter valor eclesiológico, apesar das grandes transformações que o conceito "igreja" sofrerá nos primeiros séculos, até que a comunidade cristã tenha consciência de sua emancipação total do judaísmo (OSBORNE, 2010, p. 915). O fato mais surpreendente é que doze virgens protagonizarão, um século mais tarde, o papel da Igreja na transmissão dos seus ensinamentos morais, com o intuito de introduzir os catecúmenos à ordem dos valores cristãos sobre as virtudes, assumindo o papel da fé, temperança, força, paciência, simplicidade, inocência, castidade, alegria, verdade, inteligência, concórdia e caridade (QUACQUARELLI, 2007, p. 123).

Destaca-se, então, sob uma nova perspectiva, a narrativa apocalíptica romana do Pastor de Hermas, que mesclava as duas interpretações – isto é, moral e eclesiológica –, ao dizer, em primeiro lugar, que se tratava da Igreja para depois aprofundar o seu significado em cada virtude. Certamente, as doze virgens do Pastor de Hermas já não são mais aquelas dez virgens do Evangelho de Mateus, por designarem um valor da própria virgindade, não mais associado à figura do matrimônio.

Dedicando um livro ao tema da virgindade, São João Crisóstomo nos leva, ao fim do quarto século, para diante de uma comparação bem complexa, ao afirmar que hereges que vivem a virgindade são menos puros do que os adúlteros que pretendem ainda conservar a fé (OSBORN, 1976, p. 174). Na verdade, assim como outros padres da Igreja, São João Crisóstomo precisa enfrentar uma série de polêmicas levantadas ao interno das comunidades por meio daqueles que se reafirmavam num grau de superioridade em virtude da virgindade que viviam, embora seus ensinamentos se afastassem efetivamente e em vários aspectos da doutrina da Igreja. No meio disso tudo, demonstra que as duas vocações – ao matrimônio e à virgindade – ocupam o mesmo grau de dignidade na Igreja, pois, quem denigre o matrimônio, acaba destruindo o valor da virgindade, enquanto quem o louva, eleva e faz resplandecer ainda mais a natureza extraordinária do estado virginal (LILLA, 1990, p. 149). O cúmulo destas tendências certamente já tinha aparecido no tempo do Santo Inácio de Antioquia, que, ao escrever para Policarpo de Esmirna, sugeria que os líderes da Igreja se viram constrangidos em sua autoridade por causa daqueles que se sentiam superiores aos bispos por terem optado pela virgindade (QUACQUARELLI, 2009, p. 57).

Em nossos dias, a proliferação dessas ideias se traduz em "ideologias que desvalorizam o matrimônio e a família" (*AL*, n. 40). De jeito algum as vocações sacerdotais ou religiosas autênticas nascem por inspiração dessas ideologias. No entanto, o Papa Francisco denuncia que muitas são as consequências dessa mentalidade, que se espalham facilmente de maneira errada. É o caso, por exemplo, do medo de casar-se que alguém pode construir depois de testemunhar o fracasso de outros casais ou do receio de afrontar as dificuldades das relações humanas que nascem no matrimônio (*AL*, n. 40). De uma forma ou outra, essa também pode ser a razão de encontrarmos pessoas mais velhas que se veem solitárias numa fase avançada da vida (*AL*, n. 39). Aliás, a completa distorção daquela vocação celibatária, virginal e casta se constata na solidão que surge de um sistema que fragiliza as relações humanas, cujas causas não se justificam apenas pelo abandono da experiência de fé, mas aparecem também em função de uma vida cristã mal regulada (*AL*, n. 43). De fato, também: "o celibato corre o risco de ser uma cômoda solidão, que dá liberdade para se mover autonomamente, mudar de local, tarefa e opção, dispor do seu próprio dinheiro, conviver com as mais variadas pessoas segundo a atração do momento" (*AL*, n. 162).

A solução para esses problemas surge da cooperação de ambas as vocações, ou seja, do modo em que são mutuamente enriquecidas. Dessa forma, a virgindade acolhida em sua dinâmica eclesial permanece um sinal útil para o matrimônio, quando não se opõe a isso e vice-versa. O casal vê na vida sacerdotal ou religiosa a possibilidade de vivenciar o seu amor de maneira definitiva "como um caminho comum rumo à plenitude do Reino de Deus". O celibatário toca a fidelidade, a entrega e a partilha daqueles que, em uma aliança permanente de amor, constituíram a família. "Enquanto a virgindade é um sinal escatológico de Cristo, o matrimônio é um sinal histórico" (*AL*, n. 161).

3. A INTERPRETAÇÃO ECLESIOLÓGICA DA METÁFORA DA VIUVEZ

Embora se suponha que uma mulher pudesse licitamente contrair novo matrimônio depois da morte do primeiro ou do segundo marido, a partir do diálogo que se constrói entre Jesus e os saduceus sobre o Levirato (cf. Lc 20, 27-36), nem sempre o parecer dos cristãos ou dos pagãos refletiam esta possibilidade. 1Tm 5,9-11 inscreve no livro das viúvas cristãs apenas aquelas que se casaram uma só vez. De fato, a pergunta sobre as segundas núpcias de um viúvo ocorria frequentemente nos Padres da Igreja, que representavam opiniões bem diferentes. Atenágoras de Atenas, por exemplo, se sente obrigado a equiparar o casamento de uma viúva ao adultério das segundas núpcias, já que assim também pensavam alguns pagãos rigoristas da sua época. Fala-se do valor de uma única possibilidade da celebração das núpcias cristãs em paralelo à virgindade de homens e mulheres que virtuosamente tinham alcançado idade avançada, abstendo-se do sexo em busca de maior comunhão com Deus (CATTANEO, 1997, p. 190). No norte da África proibia-se aos viúvos, às viúvas e aos sacerdotes viúvos tão acerbamente a possibilidade de um novo matrimônio que Tertuliano, sob fortíssima tendência ascética, equiparara tal costume à bigamia (TERTULLIAN, 2004, p. 18). Já em Roma, o Pastor de Hermas representa uma visão mais moderada, em que responde que, embora o viúvo não peque quando se casa de novo, esse adquire maior honra ou maior glória diante do Senhor quando não o faz (QUACQUARELLI, 2007, p. 8).

Em posse dos textos bíblicos que trazem a figura das viúvas, os Padres da Igreja continuam articulando uma hermenêutica bivalente, não apenas pautada em aspectos morais, mas sobretudo em busca do significado eclesiológico que estas figuras podem oferecer. Para Santo Ambrósio de Milão, o significado eclesiástico da viúva de Naim se esclarece pela interpretação sobre a Igreja em suas lágrimas de oração em favor do povo jovem, ou seja, dos pagãos ou dos penitentes, por quem oferece a sua oração e o seu perdão, já que esses são incapazes de fazê-lo. Desse modo, a Igreja chora por causa de um sofrimento espiritual que nela surge de forma natural quando vê os seus filhos carregados para a morte pelos vícios funestos. Semelhantemente, a viúva de Sarepta, visitada pelo profeta Elias, é uma imagem tipológica que denota o povo reunido na Igreja para seguir os ensinamentos de Cristo (BOVON, 1996, p. 39). Assim como a mãe se alegra com a ressurreição do seu jovem filho, a santa Igreja diariamente se rejubila com os homens que ressurgem pelo batismo – argumenta Santo Agostinho (*PL* 38, 593).

Ora, dessa vez à viuvez cabe pendular entre o valor eclesiológico e o valor moral que os Padres da Igreja ofereciam e, consequentemente, ilustra a necessidade de um equilíbrio entre os dois vértices. Papa Francisco se limita a dizer que compreende a angústia de uma pessoa viúva, sobretudo depois de tanto tempo de vida compartilhada com alguém (*AL*, n. 21; 245). Alerta para os cenários dramáticos dos campos de refugiados, onde a dor da mulher sem marido se agrava (*AL*, n. 46). Ademais, há aquelas que, além de não possuir mais os maridos, lutam para que os seus filhos cresçam, numa atmosfera demarcada pelo abandono (*AL*, n. 49). Os outros comentários sobre a viuvez podem ser intuídos da reflexão que faz sobre os idosos, dentre os quais muitos são viúvos. A disposição para a misericórdia e o perdão não foi alcançada pelos viúvos que certamente compunham o grupo daqueles que cercavam a mulher adúltera na explanada do Templo de Jerusalém, mas foi oferecida por Jesus quando, com ela, se encontrou sozinho (*AL*, n. 27). Ao invés de se mostrarem um peso na velhice (*AL*, n. 43), reconhece-se o profundo sentido que muitos avós recuperam para suas vidas, quando assumem a missão de transmitir os valores cristãos para os seus netos (*AL*, n. 192; 245).

O viúvo e a viúva descobrem um lugar bem determinado para viver a sua nova condição na Igreja. Não se perdem em vista das inadequadas posturas que os obrigam a se afastar de uma ou outra possibilidade. O importante é que, nesse momento, eles possam olhar com mais clareza para o matrimônio e para a virgindade, sem que isso se torne um risco para conceberem a decisão que norteará as suas vidas dali para frente.

CONSIDERAÇÕES FINAIS

No tempo de Santo Agostinho, alguns monges começaram a levantar hipóteses cujas conclusões colocavam em jogo elementos fundamentais para o comportamento moral cristão, pois eles defendiam que os filhos gerados no matrimônio deveriam ser mais honrosos e dignos do que os filhos gerados no adultério, procurando, assim, determinar que os primeiros fossem bons e os outros, maus. Agostinho combateu esta posição, mostrando que um dos erros dos pelagianos consistia em atribuir o bem aos homens e o mal a Deus, o que ocorria no momento em que os monges faziam aquela distinção entre os filhos do matrimônio e do adultério, por evidenciar, de certa maneira, o mérito dos homens casados como se a vida e o nascimento não dependessem da graça divina (TRAPÈ, 1981, p. 253). De fato, para Santo Agostinho, não há sombra de diferença entre os filhos do matrimônio e os filhos do adultério, porque a vida é, por mérito, exclusiva da graça divina, dom de Deus que não se altera em função do pecado original, nem dos erros ou dos pecados dos homens, nem das inclinações da concupiscência humana (TRAPÈ, 1981, p. 253).

Também contra os monges influenciados pelo pelagianismo, Santo Agostinho corrigiu o valor que os celibatários virgens davam ao seu estado de vida ao considerá-lo mais digno e nobre do que o matrimônio, em função do elemento sexual. Quando Santo Agostinho retoricamente pergunta sobre qual pecado deve ser considerado mais grave, isto é, o adultério ou a soberba, argumenta que o orgulho coloca em risco o mérito da virgindade tanto quanto a infidelidade ou o pecado contra a castidade o fazem. Para tanto, assume o exemplo da queda do demônio, que nunca poderia ter pecado contra a castidade, pelo simples fato de não possuir um corpo contra o qual pudesse pecar. Sendo assim, segundo Santo Agostinho, sozinha a soberba foi responsável por afastar os anjos de Deus. Em suma, alerta aos celibatários que qualquer iniciativa de distinção equacionada em ganhos ou vantagens espirituais para o seu estado de vida, em detrimento de outro estado de vida, se chama soberba ou orgulho, o que empobreceria por si mesmo o mérito da virgindade (PARONETTO, 1989, p. 233-234). A virgindade, a castidade e o celibato se tornam um grande perigo nas mãos da soberba. Ao contrário, a humildade se torna o instrumento fundamental da moralidade dos atos cristãos, tanto para os que se casam quanto para os que escolhem a vida celibatária.

Em outro contexto, ou seja, promovendo o bem-estar da cidade e julgando juridicamente os cidadãos de Hipona, Santo Agostinho se vê diante da causa contra uma mulher casada chamada Ecdícia. No início da *Epístola* 262, Santo Agostinho afirma que tal senhora tinha arruinado o edifício da castidade ou da perseverança em seu matrimônio em virtude do seu mau comportamento. Ora, com ressalvas do seu esposo pagão, convenceu-o que não mais manteriam relações sexuais em seu matrimônio, já que ela, cristã, admirando as monjas e as virgens da sua cidade, entendia que aquela seria uma forma de crescer na experiência de fé que fazia. Além disso, Ecdícia assume uma postura exagerada, andando pela cidade vestida como se fosse uma viúva (*Ep.* 262, 9) e publicamente expondo a figura do seu marido, que se sente humilhado e ultrajado diante desse comportamento. Santo Agostinho a adverte a "revestir de humildade o seu coração", a pedir perdão e a buscar a reconciliação com seu marido, agindo não apenas como cristã, mas também segundo o direito (HAMMAN, 1989, p. 124).

Ao exortar-nos que não devemos considerar o matrimônio e a castidade numa escala de comparação pautada em superioridade e inferioridade, o Papa Francisco reassume grandes problemas da História da Igreja que demandam real atenção não apenas para os aspectos morais, mas, sobretudo, para a revisão dos aspectos eclesiológicos fundamentais no que concerne cada vocação.

REFERÊNCIAS BIBLIOGRÁFICAS

BOVON, F. *Das Evangelium nach Lukas*. Ostfildern: Patmos, 1996.
CATTANEO, E. *I ministeri nella Chiesa antica: testi patristici dei primi tre secoli*. Milano: Pauline, 1997.

EUSÉBIO DE CESAREIA. *História eclesiástica*. São Paulo: Paulus, 2000.

FRANCISCO, Papa. *Amoris Lætitia: a alegria do amor* – Sobre o amor na família. São Paulo: Loyola, 2016.

FRANCISCO, Papa. Catequese (06 de maio de 2015): *L'Osservatore Romano* (ed. semanal portuguesa de 07/05/2015).

HAMMAN, A. G. *La vita quotidiana nell'Africa di Sant'Agostino*. Milano: Jaca Book, 1989.

JAMISON, C. *The Disciples' Call*. Theologies of Vocation from Scripture to the Present Day. London/New York: Bloomsbury, 2013.

JUSTINO DE ROMA. *I e II Apologias; Diálogo com Trifão*. São Paulo: Paulus, 1995.

LILLA, S. *Gregorio di Nissa – Giovanni Crisostomo: La Verginità*. Roma: Città Nuova, 1990.

LYNCH, K. F. The theory of Alexander of Hales on the efficacy of the sacrament of matrimony. *Franciscan Studies* (1951), p. 69-130.

OSBORN, E. *La morale dans la pensée chrétienne primitive: description des archétypes de la morale patristique*. Paris: Beauchesne, 1976.

OSBORNE, G. R. *Matthew: Exegetical Commentary on the New Testament*. Michigan: Zondervan, 2010.

PARONETTO, V.; QUARTIROLI, A. M. *Sant'Agostino: Discorsi VI (341-400)*. Su argomenti vari. Roma: Città Nuova, 1989.

QUACQUARELLI, A. *Il pastore di Erma*. Roma: Città Nuova, 2007.

QUACQUARELLI, A. *Lettere di Ignazio di Antiochia*. Lettere e Martirio di Policarpo di Smirne. Roma: Città Nuova, 2009.

SILVA, A. L. R. A visão de São Justino sobre a mulher: personagens e notícias. *ATeo* 51 (2015), p. 529-545.

SILVESTRI, E. L. *Amoris lætitia: comento personale*. Triscase: Youcanprint, 2016.

SIMONETI, M. *Ortodossia ed eresia tra I e II secolo*. Soveria Mannelli: Rubbettino, 1994.

SISTACH, L. M. *Como aplicar a* Amoris Lætitia. São Paulo: Fons Sapientiae, 2017.

TERTULLIAN. *On monogamy*. Whitefish: Kessinger Publishing, 2004.

TRAPÉ, A. *Sant'Agostino: natura e grazia II*. Roma: Città Nuova, 1981.

TUMER, D. L. *Matthew: Exegetical Commentary on the New Testament*. Washington: Baker Academic/Ebook Edition, 2008.

VISIONÁ, G. *San Giustino: Dialogo con Trifone*. Milano: Paoline, 1988.

TEOLOGIA E PASTORAL NA *AMORIS LAETITIA*

Geraldo Luiz De Mori

Dos textos do Papa Francisco, a Exortação pós-sinodal *Amoris Lætitia* é, sem dúvida, um dos que mais se tem prestado a controvérsias. Durante o processo sinodal e, sobretudo, após a publicação do texto papal, várias vozes se levantaram denunciando mudanças na "doutrina" da Igreja no que concerne ao sacramento do matrimônio. Em parte, esse tipo de discussão retoma elementos da crise modernista, do início do séc. XX, e aspectos do debate posterior ao Vaticano II, opondo os herdeiros da "maioria" e os da "minoria" conciliar acerca de como interpretar o próprio evento do Concílio e o teor de seus documentos. Na crise modernista, a questão levantada era fundamentalmente a seguinte: o dogma é algo "essencialista", uma verdade atemporal, válida para sempre, ou ele evolui, necessitando, por isso, de interpretação? Após o Concílio, levantou-se a questão: o *aggiornamento* proposto por João XXIII, que no Vaticano II se traduziu em textos de cunho "pastoral", afeta ou não a "substância" da verdade católica? No fundo, o que está em jogo na *Amoris Lætitia* é: as orientações "pastorais" do capítulo VIII contradizem a "doutrina" do matrimônio cristão tal como aparece nos capítulos III a V?

O objetivo do presente texto não é retraçar a história da relação entre "doutrina" e "pastoral" na teologia católica, mas mostrar como esta relação ainda parece mal equacionada, mesmo 50 anos após o Concílio, como indica o conflito de interpretações suscitado pela *Amoris Lætitia*. Para isso, num primeiro momento, será retomada, brevemente, a relação "teologia" e "pastoral" no seio da reflexão teológica, mostrando também como essa relação se deu na própria compreensão do matrimônio como sacramento. Num segundo momento, serão analisados os capítulos "dogmáticos" e "pastorais" da Exortação papal, mostrando como se relacionam no interior do texto.

1. TEOLOGIA E PASTORAL NO PENSAMENTO CATÓLICO

Sob muitos pontos de vista, teologia e pastoral são indissociáveis. Não se pode dizer que a primeira estabelece o "quê" da fé, no sentido objetivo (= *fides quae* – conteúdo) e subjetivo (= *fides qua* – a que necessidade do sujeito esse conteúdo responde), e a segunda o "como" esta fé se realiza no sujeito crente. Toda teologia só é teológica se é *intellectus fidei*, ou seja, inteligência da fé, o que significa que o ato mesmo de dar "as razões da própria esperança", conforme diz 1Pd 3,15, supõe a interpretação de quem nele está implicado. Para entender um pouco o divórcio que se estabeleceu no interior da teologia católica entre "teologia" e "pastoral", que está na origem das dificuldades na recepção da *Amoris Lætitia*, serão brevemente retomados a seguir alguns elementos que ajudam a compreender como esse divórcio se deu, mostrando sua presença na compreensão do sacramento do matrimônio.

1.1 UNIDADE E RUPTURA ENTRE TEOLOGIA E PASTORAL NO PENSAMENTO CATÓLICO

A Sagrada Escritura, como fonte da teologia, não constitui, enquanto tal, um tratado nem uma coleção de tratados dogmáticos. Trata-se da reunião de uma série de livros, compostos a partir de vários gêneros literários, alguns mais narrativos, outros mais prescritivos, outros de caráter profético, sapiencial ou poético, que, propriamente falando, não nos oferecem um *corpus* de "doutrinas", mas narrações, declarações, invectivas, salmodias, recordando o Deus da Aliança no AT; o Deus que ressuscitou Jesus dentre os mortos e o constituiu Senhor e Cristo, no NT. Alguns textos, de estilo sapiencial, traduzem a sabedoria do povo eleito ou o encontro desta sabedoria com pensamentos da tradição filosófica grega. Não se pode, porém, compará-los aos tratados dos grandes filósofos gregos que, desde o séc. VI a.C., marcaram o mundo antigo com a razão teórico-demonstrativa. Isso não significa que o saber de Israel, no AT, e o da Igreja, no NT, não tenham valor de verdade, por não serem em suas origens conceituais. Ao redor de seu "credo" (Dt 26,5-10), Israel entendeu-se como povo e preservou sua identidade ao longo da história, da mesma forma que a Igreja constituiu-se enquanto tal ao redor do anúncio pascal, que posteriormente se desdobrou nos vários símbolos da fé.

A "doutrina" encontra-se, portanto, em estado seminal nos textos bíblicos. Ela será inicialmente elaborada a partir desses textos e em diálogo com a razão filosófica grega, no intuito de traduzir os conteúdos da fé cristã. No período pós-apostólico esse processo se deu porque os cristãos tiveram que "dar a razão de sua esperança" (1Pd 3,15) diante de judeus e gregos que os questionavam sobre vários aspectos de sua "doutrina". Para isso, recorriam aos argumentos de seus interlocutores, mostrando que sua fé (doutrina) cumpria as promessas do AT e era a máxima expressão do logos (razão filosófica).[1] Em seguida, ante a heresias que punham em questão Deus, o Cristo,[2] a graça,[3] a Igreja, os sacramentos etc., foram progressivamente sendo definidos, através da mediação dos concílios e da reflexão teológica, os conteúdos dogmáticos da fé e da identidade cristã.

Na época patrística, o recurso à razão filosófica, que levou ao surgimento da teologia cristã, não conduziu, portanto, à ruptura com a vida e à existência concreta das comunidades de fé. As mudanças introduzidas nos primeiros séculos do segundo milênio, quando o saber teológico passou a ser elaborado nas universidades, tampouco romperam com a unidade entre doutrina e vida, como se pode ver nas Sumas de Teologia, que ofereciam uma visão sistemática e harmônica dos conteúdos constitutivos da fé. Só no final da idade média essa unidade começou a desaparecer, dando origem à nova maneira de se entender a ciência da época moderna, e criando, no Iluminismo, a distinção entre ciências racionais e ciências empíricas. Na teologia, essa distinção conferiu maior importância às disciplinas dogmáticas, vistas de modo essencialista, ante as "positivas", submetidas às vicissitudes da historicidade. É dessa época a oposição entre natural e sobrenatural, o primeiro acessível pela razão e o segundo pela revelação, que opôs razão e fé, mundo e Igreja, e dificultou o diálogo entre catolicismo e modernidade, desembocando na crise modernista das primeiras décadas do séc. XX.

O Vaticano II quis romper com essas dicotomias e oposições. Para isso, retomou a relação indissociável que existe entre "doutrina" e vida, *lex orandi, lex credendi* e *lex agendi*, "teologia" e "pastoral". Para equacio-

---

[1] Destaque aos apologetas do séc. II: Justino, Atenágoras, o autor da carta a Diogneto, e aos grandes teólogos do final desse século e do início do séc. III: Irineu de Lion, Clemente de Alexandria e Orígenes.

[2] Em Niceia (325), contra os arianos, definiu-se a divindade de Jesus, doravante confessado como "consubstancial" ao Pai. Em Constantinopla I (381) estabeleceu-se, contra os macedônios, a divindade do Espírito Santo. Em Éfeso (431) contra o nestorianismo e em Calcedônia (451), contra Eutiques, buscou-se o equilíbrio na compreensão das naturezas humana e divina de Jesus. As referências dogmáticas presentes no texto têm como referência DENZINGER, H.; HÜNERMAN, P. *Compêndio dos símbolos*: definições e declarações de fé e moral da Igreja Católica (KONINGS, 2013), com a sigla Dz.

[3] As controvérsias sobre a graça se deram, sobretudo, no norte da África, sendo dirimidas no Concílio de Cartago (418), que estabeleceu os cânones sobre o pecado original e sobre a necessidade da graça.

nar as dificuldades da relação entre dogma e história, abriu espaço para uma interpretação constante das verdades da fé à luz dos "sinais dos tempos" dos distintos lugares e épocas nos quais se encontra a Igreja. O princípio do *aggiornamento* (DE MORI, 2012, 13-28), ou da "pastoralidade" (CATELAN FERREIRA, 2012, p. 483-2009), fez com que se estabelecesse uma relação viva entre *intellectus fidei* e existência crente, quer pessoal, quer comunitária.

A primeira recepção do Vaticano II foi de grande criatividade, abrindo espaço ao surgimento de novas interpretações dos conteúdos e da práxis cristã. Fez também emergir resistências e medos, que introduziram, por um lado, uma nova preocupação em reafirmar a "doutrina" ou a verdade da fé, e, por outro, tornaram suspeitas experiências e leituras que pareciam não corresponder à reta compreensão do *depositum fidei*. É o caso da reflexão visada pelas duas Instruções da Congregação da Doutrina da Fé, *Libertatis nuntius*, sobre alguns aspectos da teologia da libertação, de 1984, e *Libertatis concientia*, sobre a liberdade cristã e a libertação, de 1986, e de teólogos e teólogas que foram submetidos à investigação da mesma Congregação, alguns dos quais tendo suspensa a permissão de ensinar. Vários documentos emanados do magistério católico nesse período preocupavam-se mais com a ortodoxia do que com a ortopráxis, tornando difícil o processo de *aggiornamento* querido pelo Concílio. O matrimônio e a família foram, como será mostrado a seguir, os âmbitos que mais sofreram com essa mudança.

1.2 TEOLOGIA E PASTORAL DA FAMÍLIA E DO MATRIMÔNIO NA IGREJA CATÓLICA

Um olhar panorâmico sobre a teologia do matrimônio e da família na história da Igreja indica certas similaridades com o percurso da teologia brevemente retraçado acima. Por um lado, não se pode dizer que exista uma "doutrina" do matrimônio na Bíblia, embora a lei judaica tivesse prescrições relativas ao divórcio (Dt 24,1) e ao adultério (Lv 20,10; Dt 22,20-22), sobre as quais Jesus se pronunciou (Mt 5,27-28.31-32; 19,9; Mc 10,11-12; Lc 16,18), como também Paulo (Rm 7,2-3; 1Cor 7,10-11.39). Gn 1,28 associa a diferença de sexos à geração e povoamento da terra, texto que não é retomado pelos autores do NT. Por outro lado, as afirmações de Jesus sobre a indissolubilidade do matrimônio (Mc 10,9; Mt 22,6), apesar das matizações da tradição mateana (Mt 5,32; 19, 9) e paulina (1Cor 7,15), se tornaram referência na definição dogmática do matrimônio na teologia católica. O papel dos textos bíblicos será, sem dúvida, determinante nesta definição, mas, à diferença dos principais dogmas dos primeiros séculos aludidos acima, o matrimônio só passou a compor o septenário sacramental no II Concílio de Lion, em 1274 (Dz 860), com a definição dogmática nos Concílios de Florença, em 1439 (Dz 1310-1327), e Trento, em 1563 (Dz 1797-1815).

Na história de elaboração da "doutrina" do matrimônio, mais talvez do que em outro sacramento, percebe-se que elementos antropológicos e culturais, ligados à sexualidade e à vida familiar, exerceram um papel importante, influenciando na própria definição do sacramento. Jesus, como foi dito, se pronunciou sobre a indissolubilidade, o divórcio e a situação de adultério na qual se encontraria quem se casasse com uma pessoa divorciada (Mt 5,27-28.31-32; Mc 10,11-12; Lc 16,18). Paulo, em 1Cor 7, evoca o dever à vida conjugal dos casados, a situação das pessoas solteiras e viúvas, o caso de fiéis casados com não cristãos, a vida de quem, como ele, se sente chamado ao celibato etc. Em 1Cor 5,1-13, o Apóstolo trata de um caso de escândalo sexual na comunidade. Já em Ef 5,22-33, ele associa a relação dos cônjuges ao amor de Cristo pela Igreja, recordando que, da mesma maneira que Cristo amou a Igreja, o marido deve amar a esposa, e esta sujeitar-se a ele. Em Ef 6,1-4 e em Cl 3,20-21, Paulo recorda o dever de obediência dos filhos para com os pais e o modo como estes devem tratar os filhos. Em 1Tm 5,1-16, ele dá várias orientações sobre as viúvas e as pessoas solteiras. Já Pedro, em 1Pd 3,1-7, dá orientações sobre o modo de comportar-se das mulheres e maridos.

Nos textos acima citados, as questões sobre as quais Jesus, Paulo e Pedro se pronunciam, em geral, estão relacionadas seja com aspectos jurídicos do matrimônio, como o divórcio, seja com interditos sexuais, como o adultério ou o caso de escândalo, seja com dados antropológicos, como o desejo sexual e sua realização no matrimônio, no celibato ou na viuvez, seja com ordenamentos domésticos, como as relações entre marido e mulher, pais e filhos. De fato, o matrimônio e a família, e tudo o que a eles se refere, pertencem à ordem da criação, como se vê em Gn 2,23-24, que recorda a atração entre homem e mulher e sua união numa só carne, e em Gn 1,27, que introduz o ser imagem e semelhança na diferença homem e mulher. A principal afirmação de Jesus sobre o matrimônio (Mc 10,6-9), da qual decorre sua opinião sobre o divórcio (Mc 10,11-12), remete-se a Gn 2,23-24. O mesmo acontece com Paulo em Ef 5,22-33, que também cita esse texto, após ter associado o amor dos casais ao de Cristo em sua entrega na cruz. Propriamente falando, somente o Apóstolo cristologiza o matrimônio, quando convida os maridos a amarem a esposa "como Cristo amou a Igreja, e a si mesmo se entregou por ela" (Ef 5,25s), ou recordando que o matrimônio cristão é "no Senhor" (1Cor 7,39), já que o dito de Jesus se refere à questão da indissolubilidade.[4]

Os aspectos acima assinalados caracterizarão a primeira tradição cristã, que terá, com relação ao matrimônio, preocupações, sobretudo, "pastorais". A primeira dessas questões concerne à defesa da bondade do matrimônio diante da pregação gnóstica dos primeiros séculos. Apesar de muitos Padres valorizarem mais a virgindade, o matrimônio foi claramente defendido por vários deles em seus escritos, sendo também tratado em alguns sínodos (Dz 283, 460). A doutrina de Agostinho sobre os três bens do matrimônio (*fides, proles, sacramentum*), recolhe parte destes ensinamentos, tendo posteriormente grande impacto na definição teológica da sacramentalidade do matrimônio cristão.[5] Outra questão "pastoral" sobre a qual as comunidades se posicionaram foi ritual e jurídica. Em geral, no império romano, o casamento se dava através do consentimento, feito seja diante da autoridade parental, seja diante da autoridade civil, podendo ser celebrado num ritual religioso. Aos poucos esses rituais foram substituídos por rituais cristãos e o casamento passou a realizar-se na igreja, recolhendo e adaptando aspectos das cerimônias pagãs, dando, porém, grande importância ao consentimento. Questões ligadas à vida conjugal, como o divórcio, o adultério, o desaparecimento de um dos cônjuges ou a entrada de um deles num mosteiro, entre outras, levantaram muitos debates, levando ao desenvolvimento de uma série de prescrições de ordem jurídica e moral, criando tradições diversificadas sobre a indissolubilidade (Dz 311-314), como a das igrejas ortodoxas, que recorrem à exceção mateana (Mt 5,27-28.31-32) e paulina (1Cor 7,15), admitindo o divórcio em caso de adultério e uma nova união para o cônjuge inocente.

Só na idade média, com o surgimento da teologia como ciência, se desenvolveu, propriamente falando, uma teologia do matrimônio associada a uma reflexão geral sobre os sacramentos. Estes são então definidos

---

[4] Apesar de não abordado neste texto, Jesus recorre à metáfora nupcial para falar do advento do reino, cristologizando, de certa forma, a compreensão do matrimônio, que pode então ser visto como metáfora do Reino. Segundo João, o primeiro "Sinal" que Jesus realizou foi numa festa de casamento (Jo 2,1-12).

[5] Agostinho escreveu sobre o matrimônio nas seguintes obras: *De continenti; De bono coniugali; De sancta virginitate; De bono viduitatis; De coniugiis adulterinis; De nuptiis et concupiscentia*.

como canais pelos quais a graça de Cristo é comunicada ao fiel pela ação do Espírito, na Igreja. O próprio Cristo os instituiu. O matrimônio, porém, da ordem da criação, foi visto como tendo duas instituições: uma no paraíso, como mostra Gn 2,23-24, e outra por Cristo, como indica sua presença nas bodas de Caná (Jo 2,1-11), e o que diz Paulo ao recordar o "mistério" em Ef 5,22-32. A doutrina agostiniana dos três bens do matrimônio, o papel do consentimento e a teoria aristotélico-tomista da forma e da matéria foram determinantes na definição teológica que então se delineou, com validação dogmática no concílio de Florença, em 1439. A questão pastoral levantada pelos casamentos clandestinos fez com que Trento (1563), além de rejeitar as teses de Lutero, para quem o matrimônio não era sacramento, instituísse a "forma canônica" como parte constitutiva do sacramento do matrimônio (Dz 1797-1812; 1814-1815).

De Trento até o Vaticano II não houve mudanças substanciais na doutrina da Igreja sobre o matrimônio, embora o magistério pontifício tenha se pronunciado sobre questões matrimoniais oriundas das novas cristandades surgidas nos séculos XVI-XVII, e sobre os conflitos com os estados modernos ao redor do casamento civil, surgidos nos séculos XVIII-XIX. Nesse período, um conjunto importante de regras canônicas e jurídicas foi elaborado, estabelecendo as condições de validade do consentimento e da consumação do matrimônio sacramental e criando as regras canônicas e jurídicas que orientam a pastoral matrimonial. Outro campo bastante explorado foi o da moral. Inicialmente associadas aos manuais de confessores, as questões da sexualidade conjugal foram aos poucos constituindo os tratados de moral, estabelecendo critérios para se pensar o que é lícito ou ilícito neste campo. No Concílio Vaticano II, a *Gaudium et Spes*, na terceira parte (nn. 47-52), recolheu as afirmações dogmáticas da Igreja sobre o matrimônio e a família, inseriu-as nos debates da época, sobretudo os relacionados ao divórcio e à regulação da natalidade, e deu orientações para a pastoral junto às famílias.

Após o Concílio, a questão de regulação da natalidade, tornada mais controversa com a divulgação da pílula anticoncepcional, levou Paulo VI a publicar, em 1968, a encíclica *Humanae Vitae*, que condenou o recurso aos métodos "artificiais" no controle da concepção, gerando grande mal-estar entre os casais católicos. O sínodo da família, de 1980, voltou a debruçar-se sobre as questões do matrimônio e da família, após os anos que se seguiram à revolução sexual iniciada em maio de 1968. A exortação pós-sinodal *Familiaris Consortio*, de João Paulo II, dá as coordenadas para se pensar a teologia e a pastoral do matrimônio desde então. O texto, dividido em quatro partes, começa com uma leitura da situação presente ("luzes e sombras da família hoje"), seguida de uma retomada da teologia do matrimônio cristão ("o desígnio de Deus sobre o matrimônio e a família"). Na terceira parte propõe uma reflexão sobre os "deveres da família", concluindo, na última parte, com indicações para a pastoral familiar. No último tópico deste capítulo o Papa apresenta diretrizes para a pastoral perante os "casos irregulares", dentre os quais se encontram dois aos quais é vedada a administração dos sacramentos: os que vivem em "uniões de fato" e os divorciados "em segunda união".

O Código de Direito Canônico, de 1983, também trata do matrimônio (nn. 1055-1165). Propõe uma definição sobre o sacramento do matrimônio, recordando seus elementos constitutivos: "pacto pelo qual o homem e a mulher constituem entre si um consórcio íntimo por toda a vida", ordenado "ao bem dos cônjuges, à procriação e à educação da prole", entre batizados foi "elevado por Cristo à dignidade de sacramento" (n. 1055). Apresenta ainda suas propriedades essenciais, a unidade e a indissolubilidade, e indica que é contraído por consentimento, necessitando ser consumado. Diz também quem pode contraí-lo. Em seguida, propõe vários capítulos com questões pastorais e jurídicas: o primeiro, sobre o cuidado pastoral na preparação do matrimônio; o segundo, sobre os impedimentos dirimentes em geral a contrair o matrimônio na Igreja; o terceiro, sobre impedimentos dirimentes em especial; o quarto, sobre o consentimento; o quinto, sobre a forma da celebração; o sexto, sobre os matrimônios mistos; o sétimo sobre a celebração secreta do matrimônio; o oitavo, sobre os efeitos do matrimônio; o nono, sobre a separação dos cônjuges; o décimo, sobre a convalidação do matrimônio.

No início dos anos 1990, o episcopado alemão enviou uma consulta à Congregação para a Doutrina da Fé sobre a possibilidade da comunhão para divorciados que voltaram a se casar e que têm consciência de que o vínculo anterior não foi válido. A resposta da Congregação, de 1994, fecha esta possibilidade, argumentando para a situação objetiva na qual se encontram tais fiéis, que os impede de aceder à mesa eucarística, embora tenham que ser acompanhados pelo cuidado pastoral e possam participar de várias atividades na comunidade eclesial. O texto recorda as orientações da *Familiaris Consortio*, que havia aberto a possibilidade da "comunhão espiritual", e o recurso à continência dos cônjuges, caso queiram receber a comunhão eucarística. O debate suscitado por este texto foi grande. Muitos apontavam a contradição do apelo à comunhão espiritual, se a situação objetiva era de pecado. Outros argumentavam que, além da situação dolorosa da ruptura de uma primeira união, aos casais em questão era imputado um pecado sem remissão, o que está em contradição com a pregação de Jesus.

A *Familiaris Consortio*, o *Código de Direito Canônico* e alguns textos do Pontifício Conselho da Família serviram de base na condução da pastoral familiar da Igreja a partir de 1980. O elemento teológico que guiou a pastoral é uma compreensão da sacramentalidade associada ao vínculo indissolúvel criado pelo consentimento e pela consumação. A questão que emerge daí e que ajuda a entender os debates suscitados pela *Amoris Lætitia* é: esta compreensão dogmática pode ser reinterpretada, ou seja, ganhar novos significados, como se viu ao longo da história, ou ela é irreformável, ou seja, já diz tudo o que a Igreja entende sobre a sacramentalidade do matrimônio? Desta questão emerge uma segunda: as mudanças culturais em curso, que fragilizam as relações e levam a rupturas nos "vínculos permanentes e indissolúveis" criados pelo matrimônio, devem apenas se adequar às normativas que emergem da doutrina do matrimônio da Igreja ou podem contribuir no processo de atualização dessas normativas?

2. DOUTRINA E PASTORAL NA *AMORIS LAETITIA*

Não será retraçado aqui o processo que levou à redação da *Amoris Lætitia*, nem os debates suscitados no decorrer das duas sessões sinodais, como tampouco o que ainda está em curso. O objetivo da segunda parte deste texto é analisar a relação que o texto pontifício estabelece entre "doutrina" e "pastoral", mostrando como o Papa Francisco, mais que distanciar-se da doutrina, aprofunda-a, dando-lhe novo significado. A análise se dará em dois momentos, o primeiro, com a apresentação da parte "dogmática" da Exortação, e o segundo, com o estudo da parte "pastoral" do texto.

2.1 REDESCOBRIR A DOUTRINA COMO EVANGELHO

Chama a atenção nos grandes textos do Papa Francisco o convite a redescobrir o frescor do crer, a beleza da fé, a "alegria do Evangelho", convertendo o olhar para ver o mundo com os olhos que Deus sempre o vê, como "bom", segundo Gn 1, e mesmo que marcado por dor, sofrimento, violência, injustiça e maldade, digno de ser salvo, porque é um Deus misericordioso. A *Amoris Lætitia* também começa afirmando que a "alegria do amor que se vive nas famílias é o júbilo da Igreja" (*AL*, n. 1). O Pontífice evoca na Introdução os debates acalorados ocorridos no decorrer do sínodo, que mostram como a busca de soluções se dá entre extremos: entre os que querem mudar "tudo sem a suficiente reflexão ou fundamentação" ou os que querem "resolver tudo através da aplicação de normas gerais ou deduzindo conclusões excessivas de algumas reflexões teológicas" (*AL*, n. 2). O Papa recorda então que "nem todas as discussões doutrinais, morais ou pastorais devem ser resolvidas através de intervenções magisteriais" (*AL*, n. 3), conferindo às Igrejas locais a busca de soluções para problemas específicos da região.

O tom desta introdução, que perpassa grande parte da Exortação, é um convite a fazer dialogar "doutrina" e "pastoral", de modo que o conteúdo teológico do que a Igreja compreende como sendo o sacramento do amor possa realmente ser vivido e experimentado como tal por tantos casais numa época marcada por tantas mudanças. No fundo, trata-se de "liberar" a "doutrina" de leituras que a impedem de ser fonte de inspiração e sentido para os casais cristãos. Esta perspectiva não "relativiza" o dogma, mas o transforma em vida. O Pontífice oferece, inclusive, uma chave de interpretação do conjunto da Exortação, quando, na Introdução, recorda que fará uma apresentação dos "elementos essenciais da doutrina da Igreja sobre o matrimônio e a família", aos quais se seguirão os dois capítulos que ele chama de "centrais", dedicados ao amor (*AL*, n. 6).

O primeiro capítulo da *Amoris Lætitia*, embora não seja propriamente falando um capítulo "doutrinal", resume bem a perspectiva teológica de fundo do matrimônio, além de já incluir a questão pastoral. O Papa, comentando o Sl 128/127 e inspirando-se na metáfora da parábola das "duas casas" (Mt 7,24-27), convida a entrar na casa da qual fala o salmo em questão. O comentário se articula ao redor de cinco temas, que, no fundo, são os que definem a sacramentalidade do matrimônio e sua tradução existencial. O primeiro, "Tu e tua esposa", alude à dimensão "unitiva" do amor entre homem e mulher, que está na origem do laço matrimonial, e à dimensão "procriativa", que expressa a fecundidade do amor do casal através dos filhos. O segundo, "Os teus filhos como rebentos de oliveira", aprofunda a dimensão "procriativa" do laço conjugal, mostrando também sua fecundidade como lugar do nascimento da Igreja doméstica. O terceiro, "Um rasto de sofrimento e sangue", recorda as vicissitudes que fazem parte da vida conjugal e familiar (divórcio, violência, luta pela sobrevivência, doenças etc.). O quarto, "O fruto do teu próprio trabalho", recorda a função do trabalho na vida familiar. O quinto, "A ternura do abraço", aponta o caminho que supera o sofrimento e as dificuldades. Os dois primeiros temas remetem às duas dimensões constitutivas do matrimônio: o laço indissolúvel de amor, que se expressa no consentimento, e a fecundidade do amor, que se traduz na geração dos filhos. O terceiro e o quarto indicam que a inscrição dessas dimensões na realidade passa pela dor e a labuta, mas encontra seu sentido no quinto, a ternura, que, no fundo, expressa a vitória do amor sobre a pena.

O caminho desenhado acima é o que o Pontífice explora na Exortação. Como foi dito, trata-se de nela entrar com o olhar já convertido pelo olhar divino. Nesse sentido, mais que uma visão ingênua do matrimônio e da família, o apelo a ver neles a "alegria do amor", é de imediato teológico, porque já traz o desígnio divino, mas também histórico, porque passa pela "prova da realidade", feita de dor, trabalho e vitória. A "doutrina" deve encarnar-se, traduzir-se em vida ou tornar-se realidade "pastoral". A análise que segue propõe uma breve leitura dos capítulos "doutrinais" do texto papal.

O Papa inicia a apresentação da "doutrina" do matrimônio recordando que ela tem que recuperar o caráter de "anúncio e ternura" (*AL*, n. 59), pois "toda a formação cristã é, primariamente, aprofundamento do querigma" (*AL*, n. 58). O ensinamento sobre o matrimônio e a família, recorda o Pontífice, não pode deixar de "se inspirar e se transfigurar à luz deste anúncio de amor e de ternura", pois do contrário se tornaria "mera defesa de uma doutrina fria e sem vida" (*AL*, n. 59). Segue-se então a releitura sintética da doutrina da Igreja sobre o matrimônio e a família, iniciando com a reflexão bíblica. O Papa parte "do olhar de Jesus", que é de "amor e ternura", "paciência e misericórdia", e busca acompanhar os passos com "verdade", anunciando as "exigências do Reino de Deus" (*AL*, n. 60). Segundo ele, no NT o matrimônio é um "dom" que precisa ser cuidado (*AL*, n. 61), inclui a sexualidade (*AL*, n. 61) e é chamado à indissolubilidade (*AL*, n. 62). Inaugurada na criação, a união esponsal recebe em Cristo e na Igreja sua plena significação (*AL*, n. 63). A postura de Jesus para com a família é paradigmática, mostrando o sentido da misericórdia, que implica a restauração da aliança. Sua encarnação numa família ilumina o princípio que dá forma a cada família e a capacita a enfrentar as vicissitudes da história. Sobre este fundamento, cada família cristã, mesmo nos momentos de maior fragilidade, pode tornar-se uma luz na escuridão do mundo (*AL*, nn. 65-66).

O Pontífice analisa em seguida a doutrina da Igreja sobre o matrimônio e a família. Começa recordando a *Gaudium et Spes*, que definiu o matrimônio como comunidade de vida e amor, que implica a mútua doação, que inclui e integra a sexualidade e a afetividade. Segundo o texto conciliar, Cristo vem ao encontro dos esposos cristãos com o sacramento do matrimônio e permanece com eles, consagrando-os e, por meio de uma graça própria, levando-os a constituírem seu corpo, a Igreja doméstica (*AL*, n. 67). Em seguida, são brevemente apresentados os ensinamentos pontifícios posteriores ao Vaticano II: a *Humanae Vitae*, de Paulo VI, que estabelece o vínculo intrínseco que existe entre amor e procriação (*AL*, n. 68); a *Familiaris Consortio*, de João Paulo II, que designou a família como caminho da Igreja, oferecendo uma visão de conjunto sobre o amor conjugal, propondo as linhas fundamentais para a pastoral familiar e descrevendo como os cônjuges vivem sua vocação à santidade (*AL*, n. 69); *Deus caritas est*, de Bento XVI, que retomou o tema da verdade do amor entre o homem e a mulher, plenamente iluminado à luz do amor de Cristo crucificado, e *Caritas in veritate*, que mostra a importância do amor enquanto princípio da vida em sociedade (*AL*, n. 70).

Recolhendo a contribuição da Escritura e da Tradição, o Papa recorda que a família é imagem da Trindade, que é comunhão de pessoas. Jesus, que tudo reconciliou em si mesmo, "levou o matrimônio e a família à sua forma original", elevando igualmente o "matrimônio a sinal sacramental de seu amor pela Igreja". Na família, reunida em Cristo, "é restaurada a 'imagem e semelhança' da Santíssima Trindade" (*AL*, n. 71). O Pontífice recorda que o sacramento do matrimônio não é uma convenção social, mas a "lembrança permanente daquilo que aconteceu na cruz", e os esposos são um para o outro "testemunhas da salvação da qual o sacramento os faz participar" (*AL*, n. 72). Francisco recorda que na Igreja o casamento é uma vocação. O dom recíproco do casal tem sua raiz na graça batismal, que estabelece a aliança entre cada batizado com Cristo na Igreja. O sacramento, continua o Papa, não é uma "coisa" ou uma "força", mas o próprio Cristo que vem ao encontro dos esposos com o sacramento do matrimônio, fica com eles, dá-lhes coragem para segui-lo, tomando a própria cruz, para levantarem-se quando caem, para perdoarem-se e levarem o fardo um do outro (*AL*, n. 73). Francisco recorda também que a união sexual, vivida de modo humano e santificada pelo sacramento, é caminho de crescimento na vida da graça para o casal. Na tradição latina, diz ainda, são os esposos os ministros do sacramento. O seu consentimento e a união dos seus corpos "são os instrumentos da ação divina que os torna uma só carne" (*AL*, n. 75).

Após esta breve retomada dos principais elementos teológicos da doutrina do matrimônio na Igreja Católica, o Papa insere neste capítulo "doutrinal" uma reflexão sobre as "situações imperfeitas". Recolhendo a teologia das *semina Verbi*, utilizada pela *Ad Gentes* n. 11, o Pontífice recorda que existem elementos positivos nas formas matrimoniais de outras tradições religiosas (*AL*, n. 77). Volta em seguida ao "olhar de Cristo, cuja luz ilumina todo homem", e lembra que a Igreja deve ter cuidado pastoral "pelos fiéis que simplesmente vivem juntos", por terem "contraído matrimônio apenas civil" ou serem "divorciados que voltaram a se casar" (*AL*, n. 78). Já neste número é antecipado, em parte, o que será longamente analisado nos capítulos VI e VIII. O Papa evoca a pedagogia divina e o princípio que a *Familiaris Consortio* havia proposto para guiar a práxis da Igreja perante situações difíceis e famílias feridas: "Saibam os pastores que, por amor à verdade, estão obrigados a discernir bem as situações" (*FC*, n. 84). Ao mesmo tempo que a doutrina deve ser expressa com clareza, observa o Papa, há que "evitar juízos que não tenham em conta a complexidade das diferentes situações" e estar "atentos ao modo como as pessoas vivem e sofrem por causa de sua condição" (*AL*, n. 79).

O Papa aborda em seguida a questão da transmissão da vida, elemento essencial na compreensão do matrimônio cristão, e a educação dos filhos. Ele afirma que o filho "não é uma dívida, mas uma dádiva", "fruto do ato específico do amor de seus pais" (*AL*, n. 81). O Pontífice lembra os desafios enfrentados hoje pela geração e o cuidado dos filhos, que também são longamente tratados nos capítulos dedicados especificamente a essas duas temáticas, o capítulo V, "O amor que se torna fecundo", e o capítulo VII, "Reforçar a educação dos filhos". O capítulo termina com uma reflexão sobre a relação entre a família e a Igreja. Começa agradecendo e encorajando as famílias que seguem fiéis aos ensinamentos do Evangelho. Diz que, "graças a elas, torna-se credível a beleza do matrimônio indissolúvel e fiel para sempre". É na família, continua o Papa, que "amadurece a primeira experiência eclesial de comunhão entre as pessoas, na qual, por graça, se reflete o mistério da Santíssima Trindade". Citando o Catecismo da Igreja Católica, ele diz que nela se aprende a "tenacidade e a alegria do trabalho, o amor fraterno, o perdão generoso e sempre renovado, o culto divino, pela oração e pelo oferecimento da própria vida" (*AL*, n. 87). O amor nas famílias é uma força para a Igreja.

Como se pode perceber nesse sobrevoo rápido do capítulo III, o Papa faz um esforço por articular dogma e práxis/cuidado pastoral, partindo de uma teologia que busca redescobrir o frescor e o dinamismo da doutrina, mostrando como esta deve tornar-se Evangelho a ser comunicado. O capítulo IV pode ser visto como a chave de leitura do capítulo III, uma vez que o Pontífice está convencido de que a doutrina, tal qual foi apresentada, "não é suficiente para exprimir o Evangelho do matrimônio e da família" (*AL*, n. 89). De fato, mesmo já presente de modo esparso até então, é o amor que ajuda a entender o matrimônio e a família. Por isso, ele já está nomeado desde o título da Exortação. Como reitera Francisco no início do capítulo, "a graça do sacramento do matrimônio destina-se, antes de mais nada, 'a aperfeiçoar o amor dos cônjuges'" (*AL*, n. 89). Baseado em 1Cr 13, o Pontífice propõe então uma longa meditação sobre o amor. O texto destaca a capacidade de introspeção psicológica do autor, que entra no mundo das emoções dos cônjuges, positivas e negativas, e na dimensão erótica do amor. Trata-se de uma contribuição extremamente rica e preciosa para a vida cristã dos cônjuges. A seu modo, este capítulo constitui um tratado dentro da exortação, escrito com a consciência de que a cotidianidade do amor é inimiga do idealismo. "Não se deve atirar sobre duas pessoas limitadas, observa o Papa, o tremendo peso de ter que reproduzir de maneira perfeita a união que existe entre Cristo e a sua Igreja" (*AL*, n. 122). O Pontífice insiste também, de maneira vigorosa e decidida, no fato de que "na própria natureza do amor conjugal está a abertura ao definitivo" (*AL*, n. 123) e sublinha que a alegria se encontra dentro do matrimônio quando se aceita que este é uma necessária combinação "de alegrias e esforços, tensões e descanso, sofrimentos e libertações, satisfações e procuras, dores e prazeres" (*AL*, n. 126). No final do capítulo, ao refletir sobre as transformações do amor, o Papa observa que "não podemos prometer ter os mesmos sentimentos durante toda a vida", mas sim "um projeto comum estável, comprometer-nos a amar-nos e a viver unidos até que a morte nos separe e viver sempre uma intimidade rica" (*AL*, n. 163).

2.2 ANUNCIAR HOJE O EVANGELHO DA FAMÍLIA

Os capítulos VI e VIII, conforme já foi assinalado, recolhem, por um lado, os principais desafios enfrentados hoje pelos casais, e, por outro, buscam caminhos novos para que o matrimônio e a família continuem sendo vividos como "Evangelho". Em parte, a perspectiva geral já está dada nos capítulos III e IV. A leitura que se segue, mais que retomar o conjunto desses desafios e caminhos, se concentrará em indicar o que parece ser o intuito da Exortação, que é justamente anunciar o Evangelho da família.

O capítulo VI recorda de início que "as famílias são, pela graça do sacramento nupcial, os sujeitos principais da pastoral familiar" (*AL*, n. 200). É com humilde compreensão que a Igreja quer chegar a elas com o desejo de acompanhar "todas e cada uma", para que superem as dificuldades que encontram no caminho. Para que de fato as famílias se tornem sujeitos da pastoral familiar, requer-se um esforço que encaminhe nesta direção. O Pontífice recorda então a exigência da "conversão missionária" da Igreja, que a faça sair da perspectiva teórica e desligada da realidade. A pastoral familiar, diz ele, "deve fazer experimentar que o Evangelho da família é a resposta às expectativas mais profundas da pessoa humana" (*AL*, n. 201). Não se trata de privilegiar as normas. É preciso propor valores, que correspondam às necessidades do mundo atual.

Do ponto de vista prático, o texto pontifício começa indicando a paróquia como lugar privilegiado onde a pastoral familiar deve ser desenvolvida. Insiste na necessária formação dos presbíteros, diáconos, religiosos, catequistas e demais agentes da pastoral familiar (*AL*, n. 202), com especial atenção aos seminaristas (*AL*, n. 204). Outro aspecto sobre o qual o texto se debruça é o acompanhamento dos noivos na preparação para o casamento. Tal preparação não pode se concentrar no curso de noivos, mas deve ter um caráter de iniciação (*AL*, n. 207). Os noivos, diz a Exortação, não podem considerar o matrimônio como o fim do caminho, mas como uma vocação (*AL*, n. 211). Na preparação imediata, é necessário não descuidar da cerimônia litúrgica, tornando-a espiritualmente significativa. Outro aspecto da pastoral valorizado no texto é o acompanhamento dos casais nos primeiros anos de vida matrimonial (*AL*, nn. 217-230), além do acompanhamento no período de crises. Há que acompanhar os cônjuges, insiste o Papa, "para que sejam capazes de aceitar as crises que lhes sobrevêm, aceitar o desafio e atribuir-lhes um lugar na vida familiar". De fato, cada crise "esconde uma boa notícia, que é preciso saber escutar, afinando os ouvidos do coração" (*AL*, n. 232). Tais crises podem acontecer no início ou depois de muitos anos de vida conjugal. Muitas são provenientes de velhas feridas, que nunca foram cuidadas e curadas. Às vezes, porém, há casos em que a separação é inevitável. Há rupturas moralmente necessárias, "quando se trata de defender o cônjuge mais frágil, ou os filhos pequenos, das feridas mais graves causadas pela prepotência e a violência, pela humilhação e a exploração, pela alienação e a indiferença" (*AL*, n. 241). O Pontífice recorda ainda o que o sínodo disse sobre o acompanhamento dos divorciados, de como acolhê-los na comunidade. Ele sugere a criação de centros de escuta desses casos nas dioceses. Os cônjuges que não voltaram a se casar devem ser encorajados a encontrar na Eucaristia o alimento que os sustente em seu estado (*AL*, n. 148). Quanto aos divorciados que voltaram a se casar, é importante que se sintam parte da Igreja (*AL*, n. 243). Sua situação exige um atento discernimento e um acompanhamento com grande respeito, evitando qualquer linguagem e atitude que os discrimine, e fazendo-os participar na vida da comunidade. A Exortação insiste na necessidade de tornar mais acessíveis, ágeis e gratuitos os procedimentos para o reconhecimento dos casos de nulidade. Alguns problemas, observa o Pontífice, podem ser resolvidos pelo próprio bispo diocesano (*AL*, n. 244). As consequências da separação ou do divórcio para os filhos devem também ser assumidas na pastoral (*AL*, n. 245). Os matrimônios mistos também são objeto do texto papal (*AL*, n. 247-249). *AL* n. 250 é dedicado aos casos de famílias que vivem a experiência de ter no seu seio pessoas com tendência homossexual. Independentemente de sua orientação sexual, diz o Papa, cada pessoa deve ser respeitada na sua dignidade e acolhida com respeito, procurando evitar "todo sinal de discriminação injusta" e particularmente toda a forma de agressão e violência (*AL*, n. 250). A pastoral familiar deve acompanhar essas situações. Os projetos de lei que visam à equiparação das uniões entre pessoas do mesmo sexo com o matrimônio entre um homem e uma mulher são vistos de forma crítica pelo texto da Exortação (*AL*, n. 251).

Como se pode perceber, a doutrina, que estabelece a verdade da fé da Igreja sobre o matrimônio e a família, precisa encarnar-se na vida real dos cristãos, não só dos que testemunham uma fidelidade a toda prova, mas também dos que sofreram rupturas. O cuidado pastoral em todas as situações é a tradução mesma do Evangelho da família. É essa perspectiva que a Exortação, no capítulo VIII, que tem como título "Acompanhar, discernir e integrar a fragilidade", aborda, oferecendo pistas concretas.

Os termos "acompanhar, discernir, integrar" dizem respeito à pastoral da Igreja em geral e à pastoral familiar em particular. Segundo o Pontífice, "a Igreja deve acompanhar, com atenção e solicitude, os seus filhos mais frágeis, marcados pelo amor ferido e extraviado, dando-lhes de novo confiança e esperança" (*AL*, n. 291). A metáfora da Igreja como "hospital de campanha" é retomada pelo Papa. O ponto de partida de sua reflexão é o ideal do matrimônio cristão (sacramental), mas também o reconhecimento que "algumas formas de união contradizem radicalmente este ideal, enquanto outras o realizam pelo menos de forma parcial e analógica" (*AL*, n. 292). Retomando o que havia dito sobre as "sementes do Verbo e as situações imperfeitas" no capítulo III, o Papa afirma que "a Igreja não deixa de valorizar os elementos construtivos nas situações que ainda não correspondem ou já não correspondem à sua doutrina sobre o matrimônio" (*AL*, n. 292). Ele propõe então em cinco tópicos como trabalhar pastoralmente tais situações.

O primeiro tópico abordado no capítulo VIII é o da "gradualidade na pastoral". O que está em questão aí são os casamentos civis ou a mera convivência, muito típica em muitas sociedades contemporâneas. Mais que condenar tais situações, há que se promover um discernimento pastoral junto às pessoas que vivem esse tipo de vida conjugal "a fim de evidenciar os elementos de sua vida que possam levar a uma maior abertura ao Evangelho do matrimônio em sua plenitude". Para isso, convém "identificar elementos que possam favorecer a evangelização e o crescimento humano e espiritual" (*AL*, n. 293). A escolha da simples convivência, observa o Pontífice, é muitas vezes determinada pela mentalidade contrária às instituições e aos compromissos definitivos, mas também porque se espera adquirir maior segurança existencial. Em outros países, a rejeição é determinada pelo custo da cerimônia. Retomando a teoria da "gradualidade", de João Paulo II, o Pontífice explica que não se trata de uma gradualidade da lei, "mas no exercício prudencial dos atos livres em sujeitos que não estão em condições de compreender, apreciar ou praticar plenamente as exigências objetivas da lei" (*AL*, n. 295).

Aprofundando o "discernimento das situações chamadas irregulares", o Papa observa que tais situações são identificadas com fragilidade ou imperfeição. Duas lógicas perpassam, segundo ele, a história da Igreja: a da marginalização e a da integração. O caminho de Jesus, que deve ser o da Igreja, é o "da misericórdia e o da integração" (*AL*, n. 296). É preciso "integrar a todos, deve-se ajudar cada um a encontrar a sua própria maneira de participar na comunidade eclesial, para que se sinta objeto de uma misericórdia 'imerecida, incondicional e gratuita'" (*AL*, n. 297). Mesmo para quem está em situação objetiva de pecado "pode haver alguma maneira de participar na vida da comunidade" (*AL*, n. 297). O Papa pergunta-se então como lidar com essas situações irregulares. Os padres sinodais, diz ele, chegaram ao seguinte consenso: "Na abordagem pastoral das pessoas que contraíram matrimônio civil, que são divorciadas novamente casadas, ou que simplesmente convivem, compete à Igreja revelar-lhes a pedagogia divina da graça nas suas vidas e ajudá-las a alcançar a plenitude do desígnio que Deus tem para elas" (*AL*, n. 297). À luz desta orientação geral, ele começa então a tratar os casos.

Começa com o dos divorciados recasados. Tais casos são muito diferenciados, não devem ser catalogados em afirmações demasiado rígidas, "sem deixar espaço para um adequado discernimento pessoal e pastoral" (AL, n. 298). O discernimento dos pastores, diz o Papa, deve se fazer "distinguindo adequadamente, com um olhar que discirna bem as situações" (AL, n. 298). A lógica da integração, continua ele, "constitui a chave do seu acompanhamento pastoral, para que não somente saibam que pertencem ao corpo de Cristo que é a Igreja, mas que possam fazer uma experiência feliz e fecunda da mesma" (AL, n. 298). Francisco recorda também a necessidade de discernir as formas de exclusão praticadas no âmbito litúrgico, pastoral, educativo e institucional, e que podem ser superadas. Tendo em vista a enorme variedade de situações, conclui ele, não se pode esperar do sínodo uma nova normativa geral de tipo canônico, aplicável a todos os casos (AL, n. 300). É possível "apenas um novo encorajamento a um responsável discernimento pessoal e pastoral dos casos particulares, que deveria reconhecer: uma vez que o grau de responsabilidade não é igual em todos os casos, as consequências ou efeitos de uma norma não devem necessariamente ser sempre os mesmos" (AL, n. 300). Trata-se, insiste o Pontífice, de um itinerário de acompanhamento e discernimento personalizado, que oriente as pessoas em questão para a tomada de consciência de sua situação perante Deus. O discernimento não prescinde das exigências do Evangelho. A Igreja tem uma longa reflexão sobre os condicionamentos e circunstâncias atenuantes de certas decisões. Por isso, "não se pode mais dizer que todos os que estão em situação irregular vivem em estado de pecado mortal, privados da graça santificante" (AL, n. 301). Além do reconhecimento dos condicionamentos concretos, é importante lembrar que a consciência das pessoas deve ser melhor incorporada na práxis da Igreja em algumas situações que não realizam objetivamente a nossa concepção do matrimônio (AL, n. 303).

Outro elemento importante, observa o Papa, é o papel da lei no discernimento. Não se pode considerar apenas se "o agir de uma pessoa corresponde ou não a uma lei ou a uma norma geral, porque isto não basta para discernir e assegurar uma plena fidelidade a Deus na existência concreta de um ser humano" (AL, n. 304). Recorrendo a Santo Tomás, o Pontífice diz que "um pastor não pode sentir-se satisfeito aplicando leis morais aos que vivem em situações irregulares" (AL, n. 305). Inspirando-se na lógica da misericórdia pastoral, ele reitera que não se trata de "renunciar a propor o ideal pleno do matrimônio, o projeto de Deus em toda a sua grandeza" (AL, n. 307). Levar em conta as situações excepcionais "não implica jamais esconder a luz do ideal mais pleno, nem propor menos de quanto Jesus oferece ao ser humano" (*AL*, n. 307). Sem "diminuir o valor do ideal evangélico, diz o Papa, é preciso acompanhar, com misericórdia e paciência, as possíveis etapas de crescimento das pessoas, que se vão construindo dia após dia" (*AL*, n. 308). Por isso, "os pastores, que propõem aos fiéis o ideal pleno do Evangelho e a doutrina da Igreja, devem ajudá-los também a assumir a lógica da compaixão pelas pessoas frágeis e evitar perseguições ou juízos demasiado duros e impacientes" (*AL*, n. 308).

Se no capítulo VI são apresentadas algumas situações "difíceis" ou "irregulares" que desafiam a pastoral da Igreja e seu ideal do matrimônio sacramental, no capítulo VIII são oferecidas pistas pedagógicas para que tais situações sejam efetivamente acompanhadas. Os verbos propostos para enfrentar estas situações – acompanhar, discernir, integrar – apontam um caminho a ser trilhado, pistas a serem exploradas, para que efetivamente o matrimônio e a família, mais que ideais abstratos alcançados por uma elite de "perfeitos", seja Evangelho vivido que faz resplandecer a alegria do amor.

CONSIDERAÇÕES FINAIS

O itinerário proposto neste texto pretende resgatar a lógica presente nas Escrituras e que fecundou muitos momentos criativos da existência e da teologia Igreja, e que parece perpassar a Exortação pós-sinodal *Amoris Lætitia*: a "fé" cristã, que se traduziu de forma sistematizada nas confissões de fé, encontrando na teologia sua tradução teórico-sistemática, é antes de tudo Evangelho, boa notícia que dá vida e transforma a vida, conferindo-lhe sentido, abrindo-lhe novas possibilidades. No caso específico do matrimônio e da família, vistos pela tradição católica como sacramento, sinal eficaz de uma presença transformadora e salvadora da graça de Cristo na vida do casal e da "Igreja doméstica" por eles criada, mais que insistir nos possíveis desvios dogmáticos da interpretação do texto papal, é preciso redescobrir a relação profunda que existe entre teologia e vida, "doutrina" e "pastoral". No fundo, a Igreja é como que colocada de novo na mesma situação de Jesus diante da Lei judaica. Ele soube relê-la, descobrindo como ela se "cumpria" no hoje escatológico de sua pregação e ação. Não seria esta uma das funções do texto papal hoje: resgatar o frescor do cumprimento do Evangelho da família no seio da história dos que atualmente vivem a alegria do amor?

REFERÊNCIAS BIBLIOGRÁFICAS

ALBERIGO, G.; JOSSUA, J.-P. (Ed.). *La réception de Vatican II*. Paris: Cerf, 1985.

CATELAN FERREIRA. L. A. A pastoralidade do concílio: possível hermenêutica. *Medellín*, v. XXXVIII, n. 152 (2012), p. 483-509.

CONGREGAÇÃO PARA A DOUTRINA DA FÉ. *Carta aos bispos da Igreja Católica a respeito da recepção da comunhão eucarística por fiéis divorciados novamente casados*. São Paulo: Paulinas, 1994.

CONSELHO PONTIFÍCIO PARA A FAMÍLIA. *Sexualidade humana: verdade e significado*. Orientações educativas para a família. São Paulo: Paulinas (1996); *Família, matrimônio e uniões de fato*. São Paulo: Paulinas, 2000.

DE MORI, G. O *aggiornamento* como categoria teológica. *Didaskalia*, v. XLII, (2012), p. 13-28.

DENZINGER, H.; HÜNERMAN, P. *Compêndio dos símbolos, definições e declarações de fé e moral da Igreja católica*. Tradução M. Luz; J. Konings, 2. ed. São Paulo: Paulinas/Loyola, 2013.

FAGGIOLI, M. *Vaticano II:* a luta pelo sentido. São Paulo: Paulinas, 2013.

FLÓREZ, G. *Matrimônio e família*. São Paulo: Paulinas, 2008.

JOÃO PAULO II. *Código de Direito Canônico*. São Paulo: Loyola, 1983.

JOÃO PAULO II. *Exortação apostólica* Familiaris Consortio. São Paulo: Paulus, 1983.

KASPER, W. *Teologia do matrimônio cristão*. São Paulo: Paulinas, 1993.

LIBANIO, J. B. *Concilio Vaticano II*: em busca de uma primeira compreensão. São Paulo: Loyola, 2015.

LIBANIO, J. B. *Introdução à teologia fundamental*. São Paulo: Paulus, 2014.

LIBANIO, J. B.; MURAD, A. T. *Introdução à teologia*: perfil, enfoques, tarefas. 9. ed. São Paulo: Loyola, 2014.

LUBAC, H. *Le mystère du surnaturel*. Paris: Cerf, 2000.

O'MALLEY, J. W. *O que aconteceu no Vaticano II*. São Paulo: Loyola, 2014.

O'CONNELL, M. R. *Critics on trial*: an introduction to the catholic modernist crisis. Washington: The Catolic Universit of America Press, 1994.

PAPA FRANCISCO. *Exortação pós-sinodal* Amoris Lætitia: sobre o amor na família. São Paulo: Paulus, 2016.

POULAT, E. *Le catholicisme sous observation*: du modernisme à aujourd'hui. Paris: Centurion, 1983.

RAHNER, K. *Vaticano II: um começo de renovação*. São Paulo: Herder, 1966.
SESBOUÉ, B. *História dos dogmas I*: o Deus da salvação – A salvação, a tradição, a regra de fé e os símbolos. A economia da salvação, o desenvolvimento dos dogmas trinitário e cristológico. 2. ed. São Paulo: Loyola, 2005.
SESBOUÉ, B. *História dos dogmas II*: o homem e sua salvação. 2. ed. São Paulo: Loyola, 2010.
THEOBALD, C. *A recepção do Concílio Vaticano II*. São Leopoldo: Unisinos, 2015.

ASPECTOS PASTORAIS DAS FAMÍLIAS

Luiz Alencar Libório

"E depois de fazer sair
todas as ovelhas,
caminha à sua frente e
elas o seguem,
porque reconhecem a sua
voz" (Jo 10,4).

INTRODUÇÃO

Neste mundo complexo e globalizado – que, no dizer de Mc Luhan, se tornou uma *pequena aldeia* (via mídia) –, é sempre um grande desafio tratar claramente de temas que por si só já dão bastante trabalho, especialmente o tema das famílias hodiernas, por causa de seus desvelamentos (*des-velar*: tirar o véu) que revelam o seu mistério e a sua complexidade.

De fato, a família é complexa, pois é a soma da realidade global de cada um de seus membros, com sua unicidade e mistério, com todas as bagagens positivas e negativas, em nível genético, temperamental, congênito, axiológico, psicoafetivo e espiritual, entre outros.

As famílias, principalmente, após a Segunda Guerra Mundial (1939-1945), conheceram muitas e profundas mudanças tanto em suas estruturas quanto em suas variadas dinâmicas, indo desde as famílias com dinâmicas pesadamente patriarcais (dominadoras) até as famílias com dinâmica democrática, e as famílias monoparentais, passando pelas famílias múltiplas em segunda ou mais uniões, abordadas pelo Papa Francisco de modo misericordioso e pastoral na *Amoris Lætitia*, Exortação Apostólica Pós-Sinodal "Sobre o amor na família".

Somente um maior conhecimento e uma acurada reflexão sobre a intrincada dinâmica conjugal e familiar, num mundo marcado pela secularização, podem nos ajudar, como pastores, a atuar com elas, ao menos de modo um pouco semelhante ao agir de Jesus com as pessoas humanas de seu tempo que são membros dessas famílias, agora contempladas com a abordagem papal, de matiz mais pastoral, diante dos redis: "família" e "Igreja" em nosso tempo-espaço.

Para isso, este capítulo se divide em três temáticas, a saber: 1) Origens remotas da família no Ocidente; 2) As famílias segundo o Papa Francisco (*AL*, cap. VIII, nn. 291-312); 3) A lógica da misericórdia pastoral com as famílias hodiernas.

1. ORIGENS REMOTAS DA "FAMÍLIA" NO OCIDENTE

A palavra "família" vem do latim *familia*, com o significado etimológico de servidão, presente, segundo Cícero, no vocábulo *famulus*: servo, toda a gente de casa, parentes. O mesmo significado é afirmado pelo *Dicionário Etimológico da Língua Portuguesa*, de José Pedro Machado:

> A palavra "família" entrou na nossa língua, no século XVI, por via culta, através do latim *"familia"* ou *"famulus"*, que significava "o conjunto dos escravos da casa; todas as pessoas ligadas a qualquer *grande personalidade*; casa de família com seus membros" → *Famuli*: servos (MACHADO, 1960).

Para o antropólogo belga Claude Lévi-Strauss, a família nasce a partir do momento que haja casamento, passando, portanto, a haver cônjuges e filhos nascidos da união destes. Os seus membros, que se mantêm unidos por laços legais, econômicos e religiosos, respeitam uma rede de proibições e privilégios sexuais e encontram-se vinculados por sentimentos psicológicos como o amor, o afeto e o respeito (LÉVI-STRAUSS, 2014).

Já para F. Héritier, a família é uma instituição que responde: "às necessidades e desejos fundamentais do indivíduo e da espécie: o desejo sexual, o desejo de reprodução, a necessidade de criar, de educar, de proteger as crianças e de lhes conduzir à autonomia" (HÉRITIER, 1984, *apud* BURGUIÈRE et al., 1986, p. 82).

Alguns aspectos dessas definições acabaram ficando desatualizados, já que, atualmente, se estende também o termo "família" como o lugar onde as pessoas aprendem a cuidar e a ser cuidadas, além das próprias relações de parentesco ou consanguinidade.

Há outros fatores constituintes da família humana hodierna que são: além do sangue, ascendência, linhagem, estirpe, ideais, interesses, credo, profissão, mesmo lugar de origem, mesmas características básicas, como, por exemplo: família franciscana, família batista, família cearense, família maçônica, entre outras.

Em nível psicanalítico e social, família é o primeiro grupo da sociedade, visto como estrutura e globalidade múltiplas, experienciando uma dinâmica sempre complexa porque a matriz emotiva resulta da combinação das personalidades diferentes e interagentes dos cônjuges e posteriormente as dos filhos, cada um em sua unicidade (CUSINATO, 1988, p. 93).

Numa visão tradicional (sociológica), "família" é uma comunidade constituída por um homem e uma mulher, unidos por laço matrimonial, e pelos filhos nascidos dessa união (AURÉLIO, 1986, p. 755). É claro que há inúmeras outras definições de família sob outros aspectos.

Em ligação com a palavra "família" está a palavra "lar", que é de origem etrusca, que quer dizer "chefe". Entre os romanos, "lares" eram os deuses protetores da família.

Entre estes termos, os mais frequentes eram *servus*, o escravo (sentido jurídico ou político); *famulus* que indicava o escravo do ponto de vista patriarcal; e *mancipium*, que denominava o escravo do ponto de vista econômico, ou seja, considerando-o como propriedade ou mercadoria.

Em síntese, o significado primordial de "família", provavelmente oriundo do Osco (antigo povo da Itália, Úmbria), designava o escravo que servia em casa, sob a autoridade de um patriarca, e, por extensão de sentido, os romanos serviam-se do termo para designar também toda casa sob cujo teto esses escravos serviam (*famuli*), a qual compreendia o "chefe": chamado *pater famílias*, a sua esposa, os filhos, os ditos escravos e até os animais e as terras, ou seja, tudo o que era indispensável à economia familiar.

Era preciso mais do que um *famulus* para se constituir uma *familia*. Cícero dizia (*Cæcin.* 55) que *unus homo familia non est* ("um só homem não constitui uma *família*"), e o juriconsulto Julius Paulus Prudentissimus (séc. III d. C.) completava (V, 6, 39) que *familiæ nomine etiam duo servi continentur* ("com dois escravos já se constitui o que se chama uma *família*"; in: LÉVI-STRAUSS, 2014).

Como se pode observar, família pode ser tanto do tipo nuclear (pai, mãe e filhos) quanto de outros tipos, cujas raízes percebemos nesses relatos e que hoje são confirmados. Exemplo: família sem núcleo, família monoparental etc. (IBGE, 2000). Contudo, não importa tanto ao Papa Francisco as tipologias dessas famílias, mas uma realização mais plena de seus membros pela vivência da justiça, do respeito, do afeto e do amor oblativo.

2. AS FAMÍLIAS SEGUNDO O PAPA FRANCISCO

No capítulo VIII da Exortação Apostólica "Sobre o amor na família" (*AL*, nn. 291-312), o Papa Francisco convida os que trabalham com famílias ao uso de um necessário e profundo discernimento e à evangélica misericórdia pastoral diante de situações que não correspondem plenamente ao que o Senhor Jesus propõe, em nível ideal, sendo o princípio de realidade bem diferente no que concerne às famílias hodiernas mundiais e brasileiras.

Esta Exortação papal se caracteriza por uma visão ampla, realista, não discriminadora, bastante elaborada e eivada de sentimento misericordioso, indicando que o Papa conhece a complexa realidade de base das famílias, especialmente as do terceiro mundo: miséria, favelas, ignorância, imaturidade afetiva, incompatibilidade de temperamentos, desencontros conjugais e familiares, permeados de ilusões e desilusões etc., sugerindo utilizar na pastoral mais o método indutivo (de baixo para cima) do que o dedutivo (de cima para baixo), bastante comum às Instituições de poder onde predomina a lei e não o coração e a misericórdia.

Este segundo ponto sobre a Exortação papal se subdivide nos seguintes temas: 2.1.) Gradualidade na pastoral (*AL*, nn. 293-295); 2.2.) O discernimento das situações chamadas "irregulares" (*AL*, nn. 296-300); 2.3.) As circunstâncias atenuantes no discernimento pastoral (*AL*, nn. 301-303); e 2.4.) As normas e o discernimento de pastor em vista de uma atuação misericordiosa, fecunda e não legalista (*AL*, nn. 304-306).

2.1 A GRADUALIDADE NA PASTORAL

São João Paulo II, na Carta às Famílias (*Familiaris Consortio*), referindo-se ao acolhimento, acompanhamento das pessoas com delicadeza e paciência, propunha a chamada "lei da gradualidade", pois o ser humano "conhece, ama e cumpre o bem moral segundo diversas etapas de crescimento" (*FC*, n. 34).

Os Padres Sinodais levaram em conta essa graduação dos laços afetivos existentes entre um homem e uma mulher, indo desde o matrimônio civil, passando pela convivência, união estável com afeto profundo e responsabilidade, podendo evoluir até o sacramento do matrimônio cristão: o casar-se em Cristo (*RS*, 2014, n. 27).

Isso se torna cada vez mais difícil, pois as mudanças ocorrem celeremente, não confiando os jovens no matrimônio, adiando indefinidamente o compromisso conjugal (ojeriza ao que é definitivo, problemas financeiros e culturais!), e, quando se casam, por ocasião das primeiras dificuldades, logo se separam e se casam novamente, faltando o cultivo das virtudes da paciência e da temperança no relacionamento humano e cristão.

O Papa Francisco usa muito, no capítulo VIII, três verbos significativos no pastoreio do rebanho de Deus (famílias): "acompanhar", "discernir" e "integrar", visando responder às situações de fragilidade, típicas do ser humano, ou seja: problemas complexos, especialmente as atuais e intrincadas dinâmicas familiares chamadas de "irregulares".

Antes de tudo, o Pontífice sugere, numa necessária "gradualidade" na pastoral, que os pastores e os agentes de pastoral tenham coragem para "acompanhar" de perto os seus fiéis não só fisicamente, mas em sua maturação e maturidade cognitiva, psicoafetiva e espiritual.

Para isso, devem lançar mão da razão, com a ajuda das Ciências Humanas, especialmente a Psicologia, e de um coração sensível que vê, com o "terceiro olho", a situação concreta, não ideal, dos fiéis em crise relacional, conjugal e/ou familiar, para poder bem "discernir", dando diversos passos necessários a fim de atuar fecunda e realisticamente com eles, "integrando-os" sem discriminações na comunidade de fé e empregando corajosamente a lógica de uma pastoral permeada de misericórdia.

Talvez o verbo mais forte da tríade seja "discernir", o que não é tão fácil no pastoreio, por causa das várias limitações dos pastores, em nível cognitivo, intelectual e afetivo, e do mistério das ovelhas com suas bagagens negativas, em nível genético, temperamental, congênito, educacional, psicoafetivo e espiritual, caindo em situações "irregulares" que não são conformes à vontade de Deus: a unidade dos cônjuges e da família.

2.2 O DISCERNIMENTO DAS SITUAÇÕES CHAMADAS "IRREGULARES"

O Pontífice, neste item, afirma que "duas lógicas percorrem toda a história da Igreja: marginalizar e reintegrar, mas o caminho da Igreja desde o Concílio de Jerusalém (49 d.C.) é sempre o de Jesus: o caminho da misericórdia e o da integração" (*AL*, n. 296).

O Papa pede que sejam evitados os juízos que não levam em consideração a complexidade das diversas situações em que vivem as famílias, prestando atenção ao modo como as pessoas vivem e sofrem por causa de sua condição (*RF*, 2015, n. 51), devendo a Igreja oferecer-lhes uma misericórdia "imerecida", "incondicional" e "gratuita", e não as condenar para sempre (*AL*, n. 297).

O Papa define teologicamente o que é o matrimônio cristão, reconhecendo que algumas formas de união contradizem radicalmente este ideal teológico, sendo que outras uniões o realizam pelo menos de forma parcial e analógica. Portanto, a Igreja não desvaloriza os elementos construtivos nas situações que ainda não correspondem ou já não correspondem à sua doutrina sobre o matrimônio (*AL*, n. 292).

Quanto ao modo de tratar várias situações chamadas "irregulares", os Padres sinodais chegaram a um consenso geral que o Papa Francisco sustenta e afirma:

> Na abordagem pastoral das pessoas que contraíram matrimônio civil que são divorciadas e novamente casadas, ou que simplesmente convivem, compete à Igreja revelar-lhes a pedagogia divina da graça em suas vidas e ajudá-las a alcançar a plenitude do desígnio que Deus tem para elas (*AL*, n. 297).

Etimologicamente, "discernir" (discernimento) vem do latim *discernere*, que significa: separar, escolher, apartando com cuidado, distinguir, perceber claramente (algo, diferenças etc.), diferenciar, discriminar, compreender (conceito, situação), formar juízo, apreciar, julgar, avaliar, identificar (algo) com conhecimento de causa (HOUAISS, 2001, p. 1051).

Exemplos: discernir "alhos de bugalhos"; bem do mal; verdade e mentira; real do ideal; essência do acidente, matéria e forma, direitos e deveres!

O discernimento tem de levar em conta a "consciência" (*scire cum*: "saber de"), que é, como afirma a moral cristã, a voz de Deus em nós, como seres únicos, vivendo as mais diversas e complexas realidades circundantes e circunstantes. Para bem discernir é necessário ter em mente alguns pressupostos:

a) A complexidade da pessoa e de seu relacionamento com os objetos (*ob-iectum*: "jogado na frente de") e pessoas (em seu mistério: tudo o que é, mas não se sabe direito como é → 2/3 de Inconsciência = ID: Freud) e com o Transcendente

(Deus: mistério dos mistérios → Tremendo e fascinante segundo Rudolf Otto).
b) No ato de discernir, a primeira etapa é purificadora: converge para um autêntico conhecimento de si em Deus e de Deus na própria história, na própria vida; na segunda etapa, o discernimento se torna *habitus* (consistência), segundo I. M. Rupnik.
c) Santo Inácio de Loyola fala da *charitas discreta*, ou seja, da caridade com discernimento. Discernir e compreender o jogo entre o mundo de valores do indivíduo e os valores do mundo dos membros da comunidade, tanto na dimensão cognitiva (pensamento) quanto na sentimental (coração: terceiro olho), cultivando as virtudes cristãs necessárias ao discernimento, especialmente a temperança que deveria ser o tempero dos relacionamentos humanos, visando sempre ao bem individual e ao bem comum nessa construção do Reino de Deus, inaugurado por Jesus Cristo.

Isso feito, há uma realização (felicidade), em nível pessoal e em nível comunitário, atingindo pastores, superiores, fiéis da paróquia e grupos de pastoral, entre outros, o que não é tão fácil pela grande falta de conhecimento de si mesmo sob todos os aspectos e consequentemente uma menor aproximação confiante do outro (diversas formas de violência e assaltos) em seu mistério pouco sondável.

Essa situação de violência e de desconfiança torna as pessoas insensíveis afetiva e cognitivamente, não vislumbrando bem as circunstâncias que podem atenuar a problemática pastoral em questão, julgando, absolutizando e generalizando situações e circunstâncias desagradáveis que poderiam ser atenuadas por parte de pastores e de pessoas que deveriam ser mais imantadas pela misericórdia de Cristo, o Bom Pastor de todas as ovelhas e que conhece profundamente as circunstâncias nas quais vivem as ovelhas.

2.3 AS CIRCUNSTÂNCIAS ATENUANTES NO DISCERNIMENTO PASTORAL

No que diz respeito ao "discernimento" sobre as situações ditas "irregulares", observa o Papa Francisco: "Temos de evitar juízos que não tenham em conta a 'complexidade' das diversas situações e é necessário estar atentos ao modo em que as pessoas vivem e sofrem por causa da sua condição" (*AL*, n. 296).

E vai além: "Trata-se de integrar a todos, deve-se ajudar cada um a encontrar a sua própria maneira de participar na comunidade eclesial, para que se sinta objeto de uma misericórdia imerecida, incondicional e gratuita" (*AL*, n. 297).

E mais ainda: "Os divorciados que vivem numa nova união e os conviventes, por exemplo, podem encontrar-se em situações muito diferentes, que não devem ser catalogadas ou encerradas em afirmações demasiado rígidas, sem deixar espaço para um adequado discernimento pessoal e pastoral" (*AL*, n. 298), devido aos julgamentos despersonalizantes, desconhecedores da realidade profunda e misteriosa de cada um, e consequentemente anticristãos (cf. Mt 7,1-7).[1]

É sobre isso que o Papa nos adverte. De fato, Jesus nos afirmou que Deus quer a vida abundante de todos os seus filhos: "Eu vim para que todos tenham a vida e a tenham em abundância" (Jo 10,10). É claro que essa abundância e discernimento requerem normas corretas!

2.4 AS NORMAS E O DISCERNIMENTO DE PASTOR EM VISTA DE UMA ATUAÇÃO MISERICORDIOSA, FECUNDA E NÃO LEGALISTA

Aceitando colegiadamente as observações de muitos Padres sinodais, o Papa afirma que "os batizados que se divorciaram e voltaram a casar civilmente devem ser mais integrados na comunidade cristã sob as diferentes formas possíveis, evitando toda a ocasião de escândalo" (*AL*, n. 299), e que isso depende muito do conhecimento das Ciências Humanas por parte do pastor e das ovelhas e da consciência bem formada do sacerdote e dos fiéis.

"A sua participação pode exprimir-se em diferentes serviços eclesiais [...]. Não devem sentir-se excomungados, mas podem viver e maturar como membros vivos da Igreja [...]. Esta integração é necessária também para o cuidado e a educação cristã dos seus filhos" (*AL*, n. 299), que vivem o clima de alijamento e condenação das Igrejas.

Nesta Exortação, o Papa profere uma afirmação muito significativa para que se compreenda a orientação e o sentido dela:

Se se tiver em conta a variedade inumerável de situações concretas [...] é compreensível que não se devia esperar do Sínodo ou desta Exortação uma nova normativa geral de tipo canônico, aplicável a todos os casos [...]. É

---

[1] Em pesquisa de campo, que vem sendo feita há três anos na UNICAP (Universidade Católica de Pernambuco), com 50 famílias múltiplas (2ª ou mais uniões) pelo PIBIC (Programa Institucional de Bolsas de Iniciação Científica), o resultado das percepções dos cônjuges separados e dos filhos deles é muito mais positivo (feliz) do que o estado em que viviam antes no primeiro casamento.

possível apenas um novo encorajamento a um responsável discernimento pessoal e pastoral dos casos particulares, que os pastores deveriam reconhecer: uma vez que "o grau de responsabilidade não é igual em todos os casos", as consequências ou efeitos de uma norma não devem necessariamente ser sempre os mesmos (*AL*, n. 300).

O Papa Francisco aborda, com sabedoria e coragem pastorais, as exigências e características do caminho de "acompanhamento" e de "discernimento" em diálogo profundo entre fiéis e pastores. A este propósito, faz apelo à reflexão da Igreja "sobre os condicionamentos e as circunstâncias atenuantes" no que respeita à imputabilidade das ações e, apoiando-se em São Tomás de Aquino, detém-se na relação entre "as normas e o discernimento", afirmando: "É verdade que as normas gerais apresentam um bem que nunca se deve ignorar nem transcurar, mas, na sua formulação, não podem abarcar absolutamente todas as situações particulares" (*AL*, n. 301).

Esta atuação pastoral diante do "particular" é bem típica do método dedutivo, gerando uma pastoral legalista das Igrejas, sem levar em conta exceções que toda regra tem e a misericórdia tão bem colocada por Jesus na parábola do Filho Pródigo, que evidencia o coração do Pai Misericordioso.

3. A LÓGICA DA MISERICÓRDIA PASTORAL

Sobre a pastoral feita com misericórdia, continua o Papa Francisco: "Ao mesmo tempo é preciso afirmar que, precisamente por esta razão, aquilo que faz parte de um discernimento prático de uma situação particular não pode ser elevado à categoria de norma" (*AL*, n. 304).

No final do capítulo VIII, o Pontífice, para evitar percepções errôneas, afirma com coragem:

A lógica da misericórdia pastoral é a compreensão das situações excepcionais, não escondendo jamais a luz do ideal mais pleno, nem propor menos de quanto Jesus oferece ao ser humano. Hoje, mais importante do que uma pastoral dos falimentos é o esforço pastoral para consolidar os matrimônios e assim evitar as rupturas (*AL*, n. 307).

Portanto, o sentido abrangente do capítulo VIII e do espírito que o Papa Francisco pretende imprimir à pastoral da Igreja hodierna encontra uma síntese inteligente nas palavras finais:

Convido os fiéis, que vivem situações complexas, a aproximar-se com confiança para falar com os seus pastores ou com leigos que vivem entregues ao Senhor. Nem sempre encontrarão neles uma confirmação das próprias ideias ou desejos, mas seguramente receberão uma luz que lhes permita compreender melhor o que está acontecendo e poderão descobrir um caminho de amadurecimento pessoal. E convido os pastores a escutar, com carinho e serenidade, com o desejo sincero de entrar no coração do drama das pessoas e compreender o seu ponto de vista, para ajudá-las a viver melhor e reconhecer o seu lugar na Igreja (*AL*, n. 312).

Acerca da "lógica da misericórdia pastoral", o Papa Francisco afirma com força: "Às vezes custa-nos muito dar lugar, na pastoral, ao amor incondicional de Deus. Pomos tantas condições à misericórdia que a esvaziamos de sentido concreto e real significado, e esta é a pior maneira de aguar (frustrar) o Evangelho" (*AL*, n. 311).

CONSIDERAÇÕES FINAIS

Francisco é um Papa, como ele mesmo disse, que vem lá do fim do mundo e das periferias de Buenos Aires. Foi sempre um pastor simples, convivendo com os mais necessitados e atendendo a todas as classes sociais sem discriminação. Por ser jesuíta, tem uma mente culta e aberta à complexidade do mundo e das pessoas, sugerindo uma atuação eclesial mais humana e conforme a Boa-Nova de Jesus Cristo.

O Pontífice clama por uma Pastoral da Misericórdia, dando mais valor à pessoa humana que às leis – que são "para" o homem e não o homem "para" as leis –, como afirmou e agiu Jesus Cristo na questão do sábado (cf. Mc 2,27). Por isso, apela para a inculturação e para uma maior flexibilidade exegética diante dos textos sagrados, a fim de que os pastores sejam mais solícitos ao rebanho e evitem o que denigre a imagem da Igreja. Este apelo fica claro na abertura da Exortação Apostólica:

> Nem todas as discussões doutrinais, morais ou pastorais devem ser resolvidas através de intervenções magisteriais. Por conseguinte, para algumas questões em cada país ou região, é possível buscar soluções mais inculturadas, atentas às tradições e aos desafios locais (*AL*, n. 3).

Amoris Lætitia é uma Exortação muito atual e necessária à salvação das pessoas neste mundo marcado por tantas formas de violência e corrupção. O Papa, apesar de sofrer tanta resistência e oposição em âmbito eclesiástico, cultiva a esperança de que surjam novos pastores e agentes de pastoral semelhantes ao Mestre Jesus: Pastor Bom e Misericordioso; Caminho, Verdade e Vida para todo o ser humano, em particular para os batizados e para as pessoas de boa-fé e vontade, que sonham com a chegada dos novos céus e da nova terra (cf. Ap 21,1): o Reino de Deus, cujas pedras fundamentais já foram lançadas e cresce, edificando a justiça que gera a paz, o amor e a alegria no Espírito Santo (cf. Rm 14,17-19).

REFERÊNCIAS BIBLIOGRÁFICAS

BÍBLIA DE JERUSALÉM. Antigo e Novo Testamento. São Paulo: Paulinas, 1985.
BURGUIÈRE, André et al. *Histoire de la famílle*. Mondes Lointains. Paris: Armand Colin, 1986.v. 1.
CUSINATO, Mario. *Psicologia delle relazioni familiari*. Bologna: Il Mulino, 1988.
FERREIRA, Aurélio Buarque de Holanda. *Novo Dicionário da Língua Portuguesa*. Rio de Janeiro: Nova Fronteira, 1986.
HÉRITIER, F. Famille. *Encyclopediae Universalis*. Paris, 1984. p. 746-750.
HOUAISS, Antônio. *Dicionário Houaiss da Língua Portuguesa*. Rio de Janeiro: Nova Fronteira, 2009.
IBGE. *Censo de 2000*: indicadores sociais. Rio de Janeiro: IBGE, 2001.
JOÃO PAULO II. *Familiaris Consortio*. Vaticano: L'Osservatore Romano, 1981.
LÉVI-STRAUSS, Claude. *Estruturas elementares do parentesco*. São Paulo: Papirus, 2014.
MACHADO, José Pedro. Família. In: *Dicionário etimológico da Língua Portuguesa*. Lisboa: Livraria Didáctica Editora, 1960. 5 v.
PAPA FRANCISCO. *Amoris Lætitia*: sobre o amor na família. São Paulo: Paulinas, 2016.
PONTIFICIO CONSIGLIO PER LA FAMIGLIA. *Enchiridion della Famiglia*. Vaticano: Libreria editrice Vaticana, 2000.
RELATIO SYNODI (*RS*). *Relatório do Sínodo*. Vaticano: Libreria Editrice Vaticana, 2014.
RELATIO FINALIS (*RF*). *Relatório Final*. Vaticano: Libreria Editrice Vaticana, 2015.
RUPNIK, Marko Ivan. *Il Discernimento*. Roma: Lipa, 2004.
SÍNODO DOS BISPOS. *A vocação e a missão da família na Igreja e no mundo contemporâneo*. Relatório Final. São Paulo: Paulinas, 2016.
SÍNODO DOS BISPOS. *Os desafios pastorais da família no contexto da evangelização*. São Paulo: Paulinas, 2014.

A DIMENSÃO COMUNITÁRIA DA *AMORIS LAETITIA*

Drance Elias da Silva

INTRODUÇÃO

Tomando como referência a segunda metade do século XIX, época da emergência da sociedade moderna, urbana e industrial, percebe-se que o tema da *comunidade* começa a constituir um contraponto societário à modernização. A reflexão sociológica desse período analisa a comunidade sob uma tipologia social marcada, em geral, por pequenos grupos que estabelecem relações solidárias, coesas, pessoais, espontâneas, cotidianas e permanentes, em que se configura identidades comuns – com a consciência ou sentimento do "nós" – propícias à prática da "vida em comum" e do associativismo. Nestas duas décadas do século XXI, o referido tema, mais do que nunca, continua a demonstrar importância e atualidade em todos os âmbitos de sociabilidade.

A vida comunitária se expressa como um espaço fundamental de experiência. É na vida comunitária que se busca partilhar a prática social, os projetos, os fracassos, a afetividade, as diferenças e também a esperança. A vida comunitária é parte constitutiva da concepção pedagógica presente em várias formas de organização social, e percebemos que nessas experiências isso tem o propósito de impulsionar o espírito de vida como eixo de vivência e de transformação da consciência individual e coletiva. A vida comunitária anima (dá vida, dá alma, dá sentido), revivifica, encoraja para a luta, para um compromisso efetivo com a transformação e, fundamentalmente, garante o espaço de celebração de todas as dimensões da vida. A vida comunitária é a vida que se organiza e que se mantém pela força da criação e da manutenção dos laços.

Os alicerces de qualquer comunidade são as relações de reciprocidade, tão bem analisadas por Marcel Maus em seu *Ensaio sobre o dom*. O movimento dos *dons* e *contradons*, cuja circulação é regida pelo princípio do dar/receber/retribuir, funda as alianças sociais próprias às comunidades. Por essa perspectiva, então, passamos a entender e definir comunidade pelas relações de solidariedade dos grupos humanos que partilham a mesma identidade. Comunidade, ao que nos parece, não existe como coisa concreta, mas como conjunto de relações de reciprocidade que proporcionam a certos grupos suas características de solidariedade e identidade. Por exemplo, grupos como nações, famílias, igrejas e outros: podemos chamá-los legitimamente de "comunidade" à medida que efetivamente estejam regidos por relações de alianças cimentadas pelo dar/receber/retribuir.

Falar de comunidade é colocar foco nas relações de solidariedades dos grupos humanos que partilham – como já dissemos – a mesma identidade. Isso tem a ver com a vida em família, pois um pressuposto que se sobressai nessa experiência de organização fundamental diz respeito às relações de reciprocidade: vida em família requer relação de reciprocidade. Nesse sentido, observamos que há uma estreita relação de afinidade entre família e comunidade.

1. *AMORIS LAETITIA* NA DENÚNCIA DA LÓGICA MERCANTIL

A Exortação Apostólica Pós-Sinodal *Amoris Lætitia*, sensível à vida familiar, apresenta-nos algumas imagens que colocam a família na contramão da vida comunitária. O começo disso é demarcado por situações de antíteses que não amarram uma cultura do encontro, em um espaço que sabemos de sociabilidade fundamental, como é o da família:

> Há que considerar o crescente perigo representado por um individualismo exagerado que desvirtua os laços familiares e acaba por considerar cada componente da família como uma ilha, fazendo prevalecer, em certos casos, a ideia de um sujeito que se constrói segundo os seus próprios desejos assumidos com caráter absoluto (*AL*, n. 33).

> Transpõe-se para as relações afetivas o que acontece com os objetos e o meio ambiente: tudo é descartável, cada um usa e joga fora, gasta e rompe, aproveita e esprime enquanto serve; depois adeus. O narcisismo torna as pessoas incapazes de olhar para além de si mesmas, de seus desejos e necessidades. Mas quem usa o outro, mais cedo ou mais tarde, acaba por ser usado, manipulado e abandonado com a mesma lógica (*AL*, n. 39).

A Exortação situa a família em contexto desafiador: em um tipo de sociedade onde as relações se deixam influenciar pela lógica mercantilista, corre-se o risco não só do individualismo como também de vivenciarmos tipos de relações "descartáveis". O modo como se criam os filhos mais sob a referência do *ter* nos faz perceber o quanto por trás dessa atitude aprofunda-se toda uma racionalidade econômica de expressão neoliberal que, sem dúvida alguma, põe a família sempre mais em um tipo de risco que seria o de conceber a relação com os filhos sob a óptica de que a grandeza do homem e da mulher estaria na sua capacidade de gerar renda monetária.

A Exortação observa: "O atual sistema econômico produz diversas formas de exclusão social. As famílias sofrem de modo particular por causa dos problemas relativos ao trabalho" (*AL*, n. 44). Assim, o egoísmo e a corrida para ganhar sempre mais por meio de uma profissão que o mercado orienta e exige, pois é de seu interesse, apontam para certos tipos de problemas que têm levado, com frequência, ao desencadeamento da cobiça, da corrupção e da violência. Quando essas tendências se generalizam nos grupos sociais, a exemplo do que se passa também com a família, o sentido comunitário desaparece. Essa não é a dinâmica fundadora da nossa sociedade, pois ela trama contra todos nós, admitindo como concepção de troca uma lógica utilitarista e de escolha racional, o que é característico desse nosso tempo moderno.

A Exortação enfatiza que "vivemos em uma cultura que impele os jovens a não formarem uma família, porque nos privam de possibilidades para o futuro. [...] conceito meramente emotivo e romântico do amor, o medo de perder a liberdade e a autonomia, a rejeição de algo concebido como institucional e burocrático" (*AL*, n. 40). O futuro é para ser construído, a liberdade é para ser conquistada e a autonomia é para ser vivida na alteridade. As famílias têm dificuldades de encaminhar isso dentro de um projeto. As trocas no espaço familiar parecem não fortalecer os laços, pois o viver na compreensão de trocas, em que esta envolve um conjunto de atividades que se situam no quase estritamente econômico, mexe com as pessoas, dificultando a relação, o encontro e o estar junto face a face. A sociedade do cansaço atinge fortemente a família, como bem observa a Exortação:

> Os pais chegam em casa cansados e sem vontade de conversar; em muitas famílias, já não há sequer o hábito de comerem juntos, e cresce uma grande variedade de ofertas de distração, para além da dependência da televisão. [...] Outros assinalaram que as famílias habitualmente padecem de uma enorme ansiedade; parece haver mais preocupação por prevenir problemas futuros do que por compartilhar o presente (*AL*, n. 50).

A família carece, assim, de viver sob a dinâmica da reciprocidade, pois esta simboliza não a manipulação dos indivíduos, mas a possibilidade concreta e originária de escapar de relações de tipo individualista, que só faz aprofundar a falta da confiança e dos laços de amizade. A família de hoje se encontra sob a pressão das exigências econômicas advindas das necessidades criadas por uma sociedade que reduz a relação de troca ao estritamente econômico e para quem viver bem é viver sem dívidas; trabalhar, ganhar dinheiro, não importa o cansaço nem um simples boa-noite aos filhos.

Expressando isto de outra forma, podemos dizer que a lógica vigente na sociedade moderna está tomada pelo princípio de que ser um indivíduo livre e autônomo equivale, nesse jogo de circulação de equivalências, a não dever nada a ninguém (GODBOUT, 1998, p. 39-51). Portanto, a liberdade moderna tão anunciada é, antes de qualquer coisa, e sobretudo, ausência de dívida. E aqui o nó górdio desta lógica advém do fato de que, agindo em nome da liberdade individual, acaba por submeter os indivíduos a um modelo mecânico e determinista que não deixa nenhum lugar para o inesperado, para a diferença, eliminando do horizonte das relações humanas a aventura da reciprocidade.

Num sistema de dádiva, é o oposto que ocorre, uma vez que esta é concebida como "um movimento ambivalente que permite ultrapassar a antítese entre o eu e o outro, entre a obrigação e a liberdade, entre o mágico e o técnico. Na dádiva participam a obrigação e o interesse, mas também a espontaneidade, a liberdade, a amizade, a criatividade. Nessa perspectiva relacional, a sociedade é um fenômeno social porque ela se faz primeiramente pela circulação de dons que são símbolos básicos na constituição dos vínculos sociais" (MARTINS, 2002, p. 63). Então, a questão da dívida no sistema de dádiva, dado que esta se verifica como uma situação de dívida permanente, é abertura para a diferença, para o inesperado, portanto, para a reciprocidade. Isto é o que é fundante numa visão dinâmica da sociedade. A dádiva se aplicaria então à família?

2. *AMORIS LAETITIA* CONFIRMA A FAMÍLIA COMO LUGAR BÁSICO PARA A DÁDIVA

A família é o lugar básico para a dádiva em qualquer sociedade, o lugar onde é vivida com maior intensidade, o lugar onde se faz o aprendizado dela. A criança, diante de sua fatia de bolo, diz à mãe: "Vou comer, é minha parte, é meu direito, me pertence". A mãe responde: "Você tem razão, é seu direito. Tudo o que peço é que você divida o seu pedaço com o seu amigo, que acabou de chegar. Você reparte se quiser, porque tem o direito de ficar com o pedaço todo para você". Nesse exemplo, vemos surgir a diferença entre o aprendizado dos direitos e o aprendizado da dádiva, esse "excedente necessário" além do direito e ao mesmo tempo condição dos direitos. É, aliás, o aprendizado mais importante para "dar certo" na vida: aprender a dar sem nada pedir em troca (GODBOUT, 1999, p. 41).

Amoris Lætitia, em seu capítulo IV, refere-se ao "Amor no Matrimônio" e pontua alguns aspectos fundamentais numa relação de amor:

Atitude de serviço: [...] fazer o bem... experimentar a felicidade de dar, a nobreza e grandeza de doar-se superabundantemente, sem calcular nem reclamar pagamento, mas apenas pelo prazer de dar e servir [...] (*AL*, n. 94).

Amabilidade: o amor amável gera vínculos, cultiva laços, cria novas redes de integração, constrói um tecido social firme [...] (*AL*, n. 100).

Desprendimento: Mas será possível um desprendimento assim, que permite dar gratuitamente e dar até o fim? Sem dúvida, porque é o que pede o Evangelho: "De graça recebeste, de graça deves dar!" (*AL*, n. 102).

Confiança: [...] o amor confia, deixa em liberdade, renuncia a controlar tudo, a possuir, a dominar. Esta liberdade, que possibilita espaços de autonomia, abertura ao mundo e novas experiências, consente que a relação se enriqueça e não se transforme em uma endogamia sem horizontes (*AL*, n. 115).

Espera: [...] indica a esperança de quem sabe que o outro pode mudar; sempre espera que seja possível um amadurecimento, um inesperado surto de beleza, que as potencialidades mais recônditas do seu ser germinem algum dia (*AL*, n. 116).

Assim, dispostas essas palavras, pode-se afirmar que, quem verdadeiramente ama, não guarda para si esse amor. Não o retém em seu coração como se este fosse de pedra. Dar, confiar, criar laços, potencializar a espera... eis um percurso à luz do dom!

Nesse sentido, como condição antropológica fundamental, *dar* está na base da luta diária por reconhecimento, numa sociedade que, a cada dia, esvazia o sentido da gratuidade, que é próprio dessa condição. *Dar* constitui o ato mais significativo para o reconhecimento social. A família como experiência de encontro, sabemos, toma para si tal significação, elevando-a a compor sua espiritualidade. Os filhos crescem nesse espaço social fundamental aprendendo, por meio da educação, essa realidade que os atingem como num movimento inerente desde a própria alma.

Dar é fluxo vital do humano e repercute, a cada instante, em seu sentimento, demarcando, também, o sentido da existência que se faz da possibilidade e manutenção do vínculo através daquilo que se dá. Haesler, em *A demonstração pela dádiva* (2002, p. 138), pontuou que "dar" nada seria senão uma "abertura" da interação – laço que ata o reconhecimento. E ainda: não ameaça a identidade nem diminui o valor da responsabilidade, principalmente, do outro que recebe, pois a força da espiritualidade manifestada por meio do *dar* aponta como obrigação (mas na liberdade) manter-se o vínculo imediatamente estabelecido entre um e outro. Em *Amoris Lætitia*, a atitude simples do "alegrar-se com os outros", do alegrar-se com a vida boa que o outro está vivendo, não só é expressão de amor, mas expressão da experiência da condição mesma do *dar*:

> Quando uma pessoa que ama pode fazer algo de bom pelo outro, ou quando vê que a vida do outro está indo bem, vive isso com alegria e, assim, dá glória a Deus, porque "Deus ama quem dá com alegria" (2Cor 9,7), nosso Senhor aprecia de modo especial quem se alegra com a felicidade do outro. Se não alimentamos a nossa capacidade de rejubilar com o bem do outro, concentrando-nos sobretudo nas nossas próprias necessidades, condenamo-nos a viver com pouca alegria, porque – como disse Jesus – "há mais felicidade em dar do que em receber" (At 20,35). A família deve ser sempre o lugar em que uma pessoa que conquista algo de bom na vida sabe que vão com ela se alegrar (*AL*, n. 110).

Dussel (1986, p. 20) qualifica a concepção do amor divino (*ágape*) "não como amor a si mesmo, mas amor ao outro *como outro*, por ele mesmo e não por mim, com respeito-de-justiça a sua pessoa enquanto sagrada". A ideia é de um tipo de amor ao outro "enquanto sua própria realização, embora disso eu mesmo não consiga nada". Assim, vemos que *atitude de serviço, amabilidade, desprendimento, confiança, espera...* reforçam que o ato de *dar*, além de conduzir o espírito à sensação de felicidade no nível da consciência, faz sentir que se realiza, na prática, uma missão universal: a de preocupação e de responsabilização para com a pessoa humana. Porém, existe algo ainda mais de base em meio a esse contexto de transcendência provocado, normalmente, pelo ato de *dar*: a instauração de "laços", "vínculos".

3. *AMORIS LAETITIA* E OS FILHOS: A DÁDIVA DO ACOLHIMENTO E DA PARTILHA COMO ANTÍTESE DO ABANDONO

> A família é o âmbito não só da geração mas também do acolhimento da vida que chega como um presente de Deus. Cada nova vida "permite-nos descobrir

a dimensão mais gratuita do amor, que nunca cessa de nos surpreender. É a beleza de ser amado primeiro: os filhos são amados antes de chegar". Isto nos mostra o primado do amor de Deus que sempre toma a iniciativa, porque os filhos "são amados antes de ter feito algo para o merecer" (*AL*, n. 166).

Em nossa vida de relacionamentos tão diversos, há necessidades fundamentais em permanente atuação: a necessidade de pertencer ou de se vincular, a de preservar o equilíbrio entre o dar e o receber. O acolhimento, assim como a partilha, é experiência do afeto que se expressa em favor da pessoa e da compreensão.

A família, como âmbito de acolhimento da vida, é experiência de comunidade ao alcance também da partilha: não simplesmente de partilha de coisas comuns, mas de sentimentos de vida – algo que não se reduz a simples grau de parentesco, tampouco à busca frenética por vantagens, o que seria por demais econômico e utilitário, pois o proveito e a vantagem se sobrepõem ao grande pressuposto que está na base do significado de "comunidade": a vida em sua totalidade. Na experiência de relação familiar e religiosa percebe-se que acolher, partilhar, doar e se entregar são experiências essenciais para um viver em uma comunidade onde seu destino é o querer bem, o viver bem:

> A beleza do dom recíproco e gratuito, a alegria pela vida que nasce e pelo cuidado amoroso da parte de todos os membros, desde os pequeninos até os idosos, são alguns dos frutos que tornam única e insubstituível a resposta à vocação da família, tanto para a Igreja como para a sociedade inteira (*AL*, n. 88).

O mundo de fora, o mundo da rua, por mais fascinante e poético que seja, hoje se revela inseguro e abate, embora não por completo, a possibilidade do encontro para estar junto com o outro face a face e poder lançar-se mais confiante a uma entrega (SIMMEL, 2004, p. 74-93).[1] A comunidade possibilita o contrário e, com ela, segundo Bauman (2003, p.7s), "podemos relaxar. Estamos seguros, não há perigos ocultos em cantos escuros".

A comunidade como forma expressiva de vivência arrancada dos sonhos trocados no cotidiano gera a doação da vida que se quer partilhada. Ela é o único lugar seguro que resgata a pessoa humana abandonada e que vive a má sorte em um mundo de competição centrado na desigualdade das condições:

---

[1] O artigo do referido autor trata, especificamente, da vida vivida nas grandes metrópoles: "As metrópoles e a vida mental". A dificuldade da relação face a face é apontada como consequência da qualidade da vida aí vivida. É profundamente aterrorizante a possibilidade do viver sem o encontro. A cidade é testemunha disso.

Numa comunidade podemos contar com a boa vontade dos outros. Se tropeçarmos e cairmos, os outros nos ajudarão a ficar de pé outra vez. Ninguém vai rir de nós, nem ridicularizar nossa falta de jeito e alegrar-se com nossa desgraça. Se dermos um mal passo, ainda podemos nos confessar, dar explicações e pedir desculpas, arrepender-nos se necessário; as pessoas ouvirão com simpatia e nos perdoarão, de modo que ninguém fique ressentido para sempre. E sempre haverá alguém para nos dar a mão em momentos de tristeza. Quando passarmos por momentos difíceis e por necessidades sérias, as pessoas não pedirão fiança antes de decidirem se nos ajudarão; não perguntarão como e quando retribuiremos, mas sim do que precisamos. E raramente dirão que não é seu dever ajudar-nos nem recusarão seu apoio só porque não há um contrato entre nós que as obrigue a fazê-lo, ou porque tenhamos deixado de ler as entrelinhas. Nosso dever, pura e simplesmente, é ajudar uns aos outros e, assim, temos pura e simplesmente o direito de esperar obter a ajuda de que precisamos (BAUMAN, 2003, p. 8).

Nessa perspectiva, a comunidade tem uma qualidade messiânica no sentido de quem aponta para o desejo. Na família como expressão comunitária, mesmo que sob a força de laços consanguíneos e contratuais, a vivência se dá num espírito religioso e se insere na busca da realização de sonhos como acima intuídos: viver entre pessoas que se querem amigas e se ajudem mutuamente. Para além de um lugar seguro e de realização de necessidades imediatas, na família buscam-se sonhos. Mauss, ao se referir à coesão social, quando da análise de sociedades polissegmentares (1999, p. 340), passa pela constatação de vivência real, porém imbricado também está o sonho. Assim, Mauss se refere à vivência real de família quando afirma:

> Vivem aí uns com os outros num estado ao mesmo tempo comunitário e individualista de reciprocidade, diversos, de mútuos bons serviços prestados: alguns sem espíritos de recompensa, outros com recompensa obrigatória, outros enfim com sentido rigorosamente único, pois deveis fazer a vosso filho aquilo que teríeis desejado que vosso pai vos fizesse (MAUSS, 1999, p. 345).

Comunidade, parece-nos, não existe como coisa concreta, mas como conjunto de relações de reciprocidade verificadas na primeira ordem de sociabilidade básica, que é o cotidiano. Tais relações tendem a proporcionar às pessoas a necessidade de trocas menores, as quais, por sua vez, levem a experiências maiores de solidariedade por intermédio, por exemplo, de nações, famílias, igrejas e outros. Assim, podem ser chamados legitimamente de "comunidade", desde que, efetivamente, estejam regidos por relações mantenedoras de vínculos cimentados pela lógica paradigmática do dar-receber-retribuir. Existe um círculo de vida que se vivencia aqui, de modo espontâneo, o qual, no fundo, revela o sonho de desejar ver construído um mundo isento de interesses e mais justo:

> Um casal de esposos, que experimenta a força do amor, sabe que este amor é chamado a sarar as feridas dos abandonados, estabelecer a cultura do encontro, lutar pela justiça. Deus confiou à família o projeto de tornar "doméstico" o mundo, de modo que todos cheguem a sentir cada ser humano como um irmão: "Um olhar atento à vida cotidiana dos homens e das mulheres de hoje demonstra imediatamente a necessidade que há, em toda parte, de uma vigorosa injeção de espírito familiar" (AL, n. 183).

4. *AMORIS LAETITIA*: A FAMÍLIA COMO LUGAR PRIMEIRO

> No contexto familiar, ensina-se a recuperar a proximidade, o cuidado, a saudação. É lá que se rompe o primeiro círculo do egoísmo mortífero, fazendo-nos reconhecer que vivemos junto de outros, com outros, que são dignos da nossa atenção, da nossa gentileza, do nosso afeto. Não há vínculo social sem esta primeira dimensão cotidiana, quase microscópica: conviver na proximidade, cruzando-nos nos vários momentos do dia, preocupando-nos com o que interessa a todos, socorrendo-nos mutuamente nas pequenas coisas do dia a dia. A família tem de inventar, todos os dias, novas formas de promover o reconhecimento mútuo (AL, n. 276).

Sabemos que um dos pressupostos para nossa existência é a relação. Isso porque "dar para que o outro dê" é uma das linhas que costuram o vínculo social, ao mesmo tempo em que, quando este se rompe, é por aquela cerzida. Assim, o "encontro", o "estar junto", a "gentileza", e a "cooperação" são imagens que mobilizam para o agir em prol de si ou de uma coletividade afetiva, como é o caso da vida em família. Esta é apresentada como experiência de base para efetivação de sujeitos que se confirmam mutuamente, sobretudo porque aí, por meio da dedicação amorosa vivenciada, "os sujeitos se sabem unidos no fato de ser dependentes, em seu estado carencial, do respectivo outro" (HONNETH, 2003, p. 160).

Nesse sentido, a família apresenta-se como a referência mais significativa em nossos testemunhos de vida coletiva. É a ela que todos os dias são ofertadas, nas mais diversas comunidades religiosas, os pedidos de bênçãos, no sentido de preveni-la da mais indesejada situação, como a falta do acolhimento e da integração entre as pessoas.

CONSIDERAÇÕES FINAIS

Disso tudo acima refletido, concluímos que a família é uma construção permanente que se dá através da nossa relação e sempre em combate contra qualquer tipo de ação e atitude que negue a vida, o direito, a liberdade, bem como tudo aquilo que já foi conquistado com muita luta e sacrifício. A família é uma dessas formas de organização da sociedade que deve sempre estar aberta a uma perspectiva libertária. Assim, esposos e filhos se percebendo como membros acolhedores um do outro, para dentro e para fora, esvaziando-se das formas diversas e simplistas de interesses egoístas, para se abrir sempre mais à diversidade de razões que possa produzir vínculos e solidariedade.

REFERÊNCIAS BIBLIOGRÁFICAS

BAUMAN, Zygmunt. *Comunidade: a busca por segurança no mundo atual*. Rio de Janeiro: Jorge Zahar Editor, 2003.

DUSSEL, Enrique. *Ética comunitária*. Petrópolis, RJ: Vozes, 1986.

GODDBOUT, Jacques. *O espírito da dádiva*. Rio de Janeiro: Fundação Getúlio Vargas, 1999.

GODDBOUT, Jacques. Introdução à dádiva. *Revista Brasileira de Ciências Sociais*, v. 13, n. 18, out. 1998.

HONNETH, Axel. *Luta por reconhecimento*: a gramática moral dos conflitos sociais. São Paulo: Ed. 34, 2003.

HAESLER, Aldo. A demonstração pela dádiva: abordagens filosóficas e sociológicas. In: MARTINS, Paulo Henrique (Org.). *A dádiva entre os modernos*: discussão sobre os fundamentos e as regras do social. Petrópolis, RJ: Vozes, 2002.

MARTINS, Paulo Henrique (Org.) *A dádiva entre os modernos*: discussão sobre os fundamentos e as regras do social. Petrópolis, RJ: Vozes, 2002.

MAUSS, Marcel. *Ensaio de sociologia*. São Paulo: Perspectiva, 1999.

PAPA FRANCISCO. *Amoris Lætitia*: sobre o amor na família. São Paulo: Paulinas, 2016.

SIMMEL, Georg. *Fidelidade e gratidão e outros textos*. Lisboa: Relógio D'Água, 2004.

POSFÁCIO

Convidada, pelo organizador do livro *Amoris Lætitia em questão*, a acrescentar uma consideração final, e tendo em mãos as contribuições dos vários autores, todos de nomes altamente conceituados e com estudos tão significativos como oportunos, naturalmente me perguntei qual haveria de ser o dado, o esclarecimento, a advertência ou sugestão que caberia ainda fazer em um posfácio.

Não se trata de resumir, de modo suplementar, o conteúdo da Exortação Apostólica Pós-Sinodal *Amoris Lætitia*, do Papa Francisco, que o leitor certamente já leu e agora retomou para estudo, com novas perspectivas e competentes aprofundamentos. Talvez resumir o que os autores de *Amoris Lætitia em questão* propuseram? Seria possível resumir os dez capítulos em duas ou três páginas? O leitor hauriu a riqueza do livro em contato direto com os autores e aproveitou muito ao percorrer este livro. Os elementos levantados foram mostrados pelos peritos de modo mais completo, e com maestria. Mais interessante, agora, do que resumir de imediato todo esse conteúdo, será deixar ao leitor tempo para meditar, reler, organizar a sua própria síntese, desdobrar as questões com mais vagar. Ao aceitarmos o convite do organizador do livro, propusemo-nos a acentuar tão somente um dado preliminar e sabido de todos, explícito na *Amoris Lætitia* e presente no livro que a comenta, e certamente guardado em muitos corações, mas que nos agrada poder sempre lembrar: que a referida Exortação, sobre a alegria do amor, proposta à luz da Palavra de Deus, ao encontro das famílias, como solicitude pastoral, e para a reflexão e o empenho de todos nós, deu-se, não por mero acaso, no ano do Jubileu Extraordinário da Misericórdia.

A misericórdia, assim como foi apontado pelos autores e desejamos afinal destacar, está no horizonte da *Amoris Lætitia*. O Papa quis explicitar esse dado, do contexto do Jubileu da Misericórdia, seja para estimular os dons próprios da família, seja para conduzir-nos à misericórdia, quando a realização em família não é perfeita ou não se desenrole na paz e na alegria:

> Esta Exortação adquire um significado especial no contexto deste Ano Jubilar da Misericórdia, em primeiro lugar porque a vejo como uma proposta para as famílias cristãs, que as estimule a apreciar os dons do matrimônio e da família e a manter um amor forte e cheio de valores como a generosidade, o compromisso, a fidelidade e a paciência; em segundo lugar, porque se

propõe a encorajar todos a serem sinais de misericórdia e proximidade para a vida familiar, onde esta não se realize perfeitamente ou não se desenrole em paz e alegria (*AL*, n. 5).

O Papa considerou ainda na introdução do documento que este teria ficado necessariamente extenso, de modo que não aconselhava uma leitura apressada. Ponderou que alguns se identificariam mais com um capítulo, outros com outro, mas que todos talvez se sentissem interpelados a propósito do oitavo capítulo (comentário do Papa na introdução em *AL*, n. 7). É claro que todos os capítulos são importantes. Os dons do amor anunciados, para concretização em situações diversas, vistos na perspectiva de conhecer a alegria do amor, foram maravilhosamente abordados pelos teólogos autores de *Amoris Lætitia em questão*. Não se trata, portanto, de ler apenas o oitavo capítulo da *Amoris Lætitia*, mas importa ver o amor divino e humano celebrado por todo o documento, à luz da Palavra de Deus, que permanece ao encontro das pessoas, ao mesmo tempo que seu acolhimento se propõe com realismo e atenção para os desafios de hoje. Já o oitavo capítulo da *Amoris Lætitia* versou sobre "acompanhar, discernir e integrar a fragilidade" (título do capítulo). Nas situações concretas existem fragilidades. Como foi comentado, propõe-se uma pastoral acolhedora, seguindo os valores maiores do Evangelho, onde prima a caridade, para que todos possam experimentar o amor de Deus e encontrar lugar na Igreja. O Papa citou várias vezes a bula *Misericordiae Vultus*, para pautar a pastoral na misericórdia: esta "torna-se o critério", pois "a arquitrave que suporta a vida da Igreja é a misericórdia" (*AL*, n. 310, citando *MV*, n. 10).

Por um lado, trata-se de uma questão da Igreja, de interpelação para todos, sendo que cumpre tomar a peito a misericórdia para com aqueles que se encontram em situações de fragilidade, de modo que a pastoral da Igreja deve ser solícita em acompanhar, discernir e integrar, com o acolhimento e a caridade de Cristo. Não com julgamentos, mas pelo amor. Aliás, como disse São João da Cruz, afinal "seremos julgados pelo Amor". Por outro lado, seria igualmente verdade que essa questão da fragilidade também diz respeito a todos nós, se considerarmos ainda que todos compartilhamos uma realidade humana marcada de fragilidades. Em meio a limites, vulnerabilidades, sofrimentos, todos necessitamos de acolhimento, diálogo, perdão, ajuda, amor, misericórdia.

É o rosto de Deus a contemplar. É a experiência da verdade salvífica. É luz, vida, fé e esperança. Amor de Deus, que se doa a si mesmo, que se anuncia e sinaliza com palavras amigas e gestos concretos. E nós, em encontros e desencontros, aptidões e limites, na busca do bem, nos dons e frutos da convivência e das relações familiares e humanas, também em meio às frustrações e dores que a vida nos reserva, temos todos também a experiência da fragilidade e dos sofrimentos. Ao mesmo tempo, somos chamados por Deus a conhecer a alegria do amor e a comunicá-la, do modo que nos for possível.

Os estudos bíblicos e a reflexão teológica pastoral proposta pelos autores de *Amoris Lætitia em questão* prosseguem conosco para a escuta da Palavra de Deus e a prática cristã na Igreja, na qual daremos e buscaremos acolhimento, com ternura e solicitude de uns para com os outros. Que questões levantadas sobre a *Amoris Lætitia*, merecedoras de tanto interesse, contemplação e conversão pastoral, possam ser refletidas, sempre de novo, sob a luz evangélica do nascimento da Exortação Apostólica em questão: ou seja, no espírito do Jubileu Extraordinário da Misericórdia.

Maria Teresa de Freitas Cardoso
Doutora em Teologia Sistemática
Professora da PUC-Rio nos cursos de pós-graduação
e de graduação em Teologia

SOBRE OS AUTORES

ANDRÉ LUIZ RODRIGUES DA SILVA

Sacerdote da Arquidiocese de São Sebastião do Rio de Janeiro. Doutor em Teologia Patrística pelo Pontifício Instituto Patrístico Agostiniano de Roma. Professor de Teologia Sistemática do Departamento de Teologia da PUC-Rio. Currículo *lattes*: <http://lattes.cnpq.br/6475852367608038>.

DRANCE ELIAS DA SILVA

Pós-doutor pela Escola Superior de Teologia, RS, Faculdades EST, doutor (2006) e mestre (2000) em Sociologia pela Universidade Federal de Pernambuco. Atualmente é professor do Programa de Pós-Graduação em Ciências da Religião e do Bacharelado em Teologia da Universidade Católica de Pernambuco. Currículo *lattes*: <http://lattes.cnpq.br/3743852075738987>.

GERALDO LUIZ DE MORI

Teólogo jesuíta, bacharel em Filosofia (1986) e Teologia (1992) pela FAJE, Belo Horizonte; mestre (1996) e doutor (2002) em Teologia pelas Facultés Jésuites de Paris – Centre Sèvres. Diretor do Departamento de Teologia da FAJE, no qual coordena o Programa de Pós-Graduação e ensina Antropologia Teológica e Matrimônio. Líder do grupo de pesquisa "As Interfaces da antropologia na teologia contemporânea". Currículo *lattes*: <http://lattes.cnpq.br/7571863847274070>.

GONZALO ARTURO BRAVO ALVAREZ

Sacerdote secular da Diocese de Valparaíso, Chile, e professor na Pontifícia Universidade Católica de Valparaíso. Doutor em teologia bíblica pela Pontifícia Universidade Gregoriana de Roma. Dada a sua condição de pároco da Paróquia Matriz de Valparaíso, desenvolve trabalho acadêmico em duas vertentes: na universidade e no mundo paroquial-comunitário. É atualmente presidente da Associação Bíblica do Chile, um grupo de biblistas católicos chilenos que buscam potenciar a investigação e a docência, pertencendo também a diversas redes de estudiosos de Bíblia no âmbito latino-americano.

LEANDRO LUIS BEDIN FONTANA

Doutor em teologia pela Philosophisch-Theologische Hochschule Sankt Georgen, em Frankfurt, na Alemanha. Atualmente é pesquisador bolsista (Capes), vinculado ao Programa de Pós-Graduação em Teologia da PUC-RS. Currículo *lattes*: <http://lattes.cnpq.br/0775935457013082>.

LEONARDO AGOSTINI FERNANDES

Sacerdote da Arquidiocese de São Sebastião do Rio de Janeiro. Doutor em Teologia Bíblica pela Pontifícia Universidade Gregoriana de Roma. Professor de Sagrada Escritura do Departamento de Teologia da PUC-Rio e do Instituto Superior de Teologia da Arquidiocese do Rio de Janeiro. Currículo *lattes*: <http://cnpq.br/6431968963433274>.

LUIZ ALENCAR LIBÓRIO

Mestre (1997) e doutor em Psicologia da Família (2001) pela Pontifícia Universidade Salesiana de Roma. Especialista em Psicologia Cognitiva pela UFPE, em Metodologia do Ensino Superior pela Unicap e em Psicologia da Religião pela UPS. Licenciado em Filosofia (1970) e Teologia (1973) pela Universidade Católica do Salvador, e em Psicologia e Formação de Psicólogo pela Faculdade Frassinetti do Recife – FAFIRE–UFPE (1990). É membro da Congregação dos Missionários da Sagrada Família. Atualmente é professor adjunto II da Universidade Católica de Pernambuco (Unicap) e membro do Grupo de Pesquisa "Religiões, Identidades e Diálogos", lecionando na graduação da Unicap, em Psicologia da Religião, Religiões, Ética e Direitos Humanos, e no mestrado e doutorado em Ciências da Religião da mesma universidade. Currículo *lattes*: <http://lattes.cnpq.br/2889916979419619>.

MARIO DE FRANÇA MIRANDA

Sacerdote jesuíta. Doutor em Teologia pela Pontifícia Universidade Gregoriana de Roma. Professor emérito de Teologia Sistemático-pastoral da Pontifícia Universidade Católica do Rio de Janeiro. Currículo *lattes*: <http://lattes.cnpq.br/1785242776254374>.

SALVADOR PIÉ-NINOT

Sacerdote da Diocese de Barcelona. Doutor em Teologia Bíblica pela Pontifícia Universidade Gregoriana de Roma. Professor ordinário de Teologia Fundamental e Eclesiologia da Faculdade de Teologia da Catalunha, em

Barcelona, e professor convidado da Pontifícia Universidade Gregoriana de Roma.

WALDECIR GONZAGA

Sacerdote da Diocese de Jabuticabal. Doutor em Teologia Bíblica pela Pontifícia Universidade Gregoriana (Roma) e pós-doutor pela FAJE (BH). Professor de Sagrada Escritura do Departamento de Teologia da PUC-Rio e do Instituto Superior de Ciências Religiosas da Arquidiocese de São Sebastião do Rio de Janeiro. Currículo *lattes*: <http://cnpq.br/9171678019364477>.

Impresso na gráfica da
Pia Sociedade Filhas de São Paulo
Via Raposo Tavares, km 19,145
05577-300 - São Paulo, SP - Brasil - 2018